LA

CHAMBRE DU CONSEIL

DES ÉTATS DE PICARDIE

PENDANT LA LIGUE

SUIVIS DE DOCUMENTS INÉDITS

NOTAMMENT

CAHIER DES PLAINTES & DOLÉANCES

DES HABITANTS DE CETTE PROVINCE

Par F. POUY.

AMIENS
IMPRIMERIE DELATTRE-LENOEL
32, RUE DE LA RÉPUBLIQUE. 32.

M DCCC LXXXII.

LA

CHAMBRE DU CONSEIL

DES ÉTATS DE PICARDIE

PENDANT LA LIGUE.

LA

CHAMBRE DU CONSEIL

DES ÉTATS DE PICARDIE

PENDANT LA LIGUE

SUIVIS DE DOCUMENTS INÉDITS

NOTAMMENT

CAHIER DES PLAINTES & DOLÉANCES

DES HABITANTS DE CETTE PROVINCE

Par F. POUY.

AMIENS
IMPRIMERIE DELATTRE-LENOEL
32, RUE DE LA RÉPUBLIQUE. 32.
—
M DCCC LXXXII.

TIRAGE.

25 Exemplaires sur vergé.
175 — sur vélin.

INTRODUCTION

Au début de la Ligue, en 1577, le roi Henri III disait avoir appris que si les habitants d'Amiens refusaient de jurer l'Union, c'est qu'ils « voullaient faire une troisième Ligue et se diviser de l'un de l'autre. »

Le fait est que la noblesse n'était pas d'accord avec le Tiers-État, et que c'est seulement le 20 Mai 1588 que la Ligue fut signée et jurée à Amiens, après maints tiraillements. Elle avait pour but le maintien de la religion catholique, et celui du trône dans la maison de Valois. Henri III se déclarait chef de la Ligue et M. d'Humières en était le directeur élu.

Chaque province devait avoir son centre d'action, sous l'autorité du Gouverneur ou Lieutenant du roi, avec Conseil de *six des principaux habitants*.

Les diverses provinces pouvaient s'entendre, communiquer et se soutenir entre elles; ce qui constituait une sorte de fédération, toujours sous l'autorité du roi.

Mais, sur l'avis qui parvient à l'Échevinage d'Amiens le 26 Décembre 1588, de l'assassinat du duc de Guise (23 décembre), les dispositions changent, on parle hautement de vengeance, et il n'est plus question d'obéir au roi; ses partisans dans Amiens, tels que Correur, Collemont, de Boves, de Bertangles et autres, sont emprisonnés.

L'Échevinage convoque une assemblée générale des notables habitants pour le 31 Décembre, afin d'avoir un moyen d'organiser les différents services de la Ligue. Cette assemblée élit, séance tenante, une *Chambre du Conseil des États de la Province de Picardie.*

Cette Chambre soumettra ses conclusions et propositions aux maieur et échevins qui prendront ensuite les mesures qu'ils jugeront nécessaires.

C'est bien, en effet, cette fois, une nouvelle Ligue qu'il s'agit d'organiser et qui va l'être par la Chambre des États ; mais elle n'a plus pour objectif que la conservation de la religion, il n'est plus question de Henri III, à cause du crime que, dans sa lettre du 23 décembre, il dit avoir commis, et surtout à cause de son alliance avec Henri de Navarre. On le considère comme déchu du trône et plus tard, après sa mort, on élira pour roi Charles de Bourbon, catholique éprouvé, mais sans droit légitime à la couronne.

Les luttes et les passions ardentes de la Ligue ont eu pour le pays des conséquences funestes ; bien des Ligueurs, assurément, ont dû déplorer eux-mêmes tant de calamités et de si grands maux !

La paix qui régnait auparavant fut rompue violemment, et le but religieux n'était pas, on le sait, le seul mobile des Chefs de la Ligue, qui s'agitaient et déchaînaient la tempête pour des intérêts de parti.

La politique que la ville d'Amiens avait pratiquée précédemment, pendant plus de dix ans, en refusant de s'associer aux deux premières phases de l'Union, et en ménageant le roi, les Guise et Condé, était certainement plus habile. La neutralité, par elle achetée moyennant finance et en conservant ses droits et privilèges de gouvernement, lui procurait une assez grande tranquillité, que n'avaient pas les localités engagées dans la Ligue, dès son début. Péronne, Montdidier, Doullens, et les environs d'Abbeville étaient, dit l'Estoile, « ravagés par les troupes du duc d'Aumale, qui faisaient autant de maux que les plus échauffés Huguenots dans les troubles précédents, aussi est-ce à faire à des badauds à croire que tels gens ayent aucune religion. »

On fit à ce sujet les vers suivants :

Le pauvre peuple endure tout
Les gens d'armes ravagent tout.

Cependant le parti violent finit par l'emporter à Amiens comme ailleurs; mais avant de rappeler ses actes, il est bon de faire remarquer que la Ligue traversa deux phases bien distinctes avant d'arriver à sa période aiguë en Picardie.

La première semble caractérisée par l'Union signée, dans la réunion de l'échevinage d'Amiens du 20 Juillet 1576, par plusieurs gentilshommes picards « pour donner secours à ceulx de Péronne et de Doullens, mesmes pour faire levée d'hommes et de deniers, et praticquer ceulx des autres villes par tous moiens, sans que l'on sache si c'estoit par ordre du Roy. »

Le 24 du même mois de Juillet, Henri III remerciait les Amiénois de l'avoir averti de cette Ligue et aussi d'avoir « *rejeté les pernicieux conseils et praticques* de quelques ungs qui s'efforçoient, plus pour leur intérêt particulier que par zelle pour la relligion et le bien de leur patrie, d'empêcher la réalisation de l'édit de pacification. » (1)

Le monarque qualifiait ces Ligueurs de *turbulens et factieux*. Il voyait bien que cette conjuration menaçait sa couronne, c'est pourquoi il crut plus tard faire acte d'habileté en prenant la direction du mouvement.

Le chef secret de cette première entreprise était le duc de Guise, et son propagateur apparent Jacques d'Humières. On donnait, par les Statuts, au chef innommé le *droit de vie et de mort* ; on s'engageait à faire rendre aux provinces leurs privilèges tels qu'ils étaient au temps de Clovis.

---

(1) L'Édit de Mai 1576, qui avait excité des mécontentements. On avait nommé cet édit la *paix de Monsieur*, frère du roi, duc d'Alençon, artisan de cette pacification.

Le 21 Décembre 1576, M. d'Humières, qui avait négocié avec Henri III, se présentait à l'Échevinage d'Amiens pour l'engager à signer et à faire signer un projet de Ligue approuvé, disait-il, par le roi. Henri recommandait, en effet, par lettre du 5 Janvier 1577, la signature de cette Union, dont il envoyait le texte écrit sur parchemin.

Dans ce nouveau pacte, modifié et adouci, afin de le rendre acceptable par le plus grand nombre, il n'est plus question du *droit de vie et de mort,* ni d'autres mesures par trop excessives ; ceux de la *nouvelle opinion* ne devaient pas être inquiétés, ni recherchés, ni opprimés, ni molestés dans leur conscience, leur personne ou leurs biens.

C'est ce qu'on peut appeler la seconde phase de la Ligue. Cet acte portait le titre suivant :

Association faite entre les princes, seigneurs, gentilzhommes et autres, tant de l'estat ecclésiastique que de la noblesse et Tiers-Estat, subjectz et habitans du païs de Picardie.

Les membres du Chapitre étaient d'avis de jurer l'Union, mais seulement entre eux, et *non ès mains de la noblesse. (Délibération du 6 Janvier.)* L'Échevinage s'y refusa, demandant à rester neutre, en conservant ses privilèges, et en payant 8,000 livres, ce qui fut accordé vers la fin de Février.

Ce nouveau traité d'union avait été signé à Péronne, le 13 dudit mois de Février 1577, par un grand nombre d'adhérents (environ 500), qui jurèrent de maintenir la Ligue, de se soutenir entre eux et de n'avoir que *ung Dieu, ung Roy, une loy et une foy.*

Le rôle important joué par la Chambre des États de Picardie, pendant la Ligue, n'a été, jusqu'ici, l'objet d'aucune étude particulière. Ce travail historique m'a paru offrir un grand intérêt ; il est appuyé sur les documents les plus authentiques, puisés aux sources originales.

L'appendice qui fait suite reproduit plusieurs documents inédits d'une réelle importance.

1° *Le Cahier des plaintes, doléances et supplications* faites au roy Charles IX par les habitants des villes de Picardie et recueillies par M. de Chaulne, député à ce sujet (1573-1574.) On verra par ce curieux écrit quel était l'état des esprits en Picardie à cette époque, au lendemain de la Saint-Barthélemy et à la veille de l'origine de la Ligue.

2° *Remontrances et supplications faites par les maieur, prevost, eschevins et habitans d'Amiens au Roy Henri III pour savoir son bon vouloir et intentions au sujet de la Ligue* (6 février 1577.)

3° *La Ligue signée à Amiens* (20 mai 1588.)

4° *Union d'Amiens avec la ville de Paris* (3 juin 1588.)

5° *Union jurée à Amiens par les habitants de Beauvais* (26 janvier 1589.)

6° *L'Echevinage d'Amiens donne avis au Pape de son union* (17 mars 1589.)

CHAPITRE I

ÉTABLISSEMENT DE LA CHAMBRE DES ÉTATS DE PICARDIE — POUVOIR QU'ELLE EXERCE — PROTESTATIONS DIVERSES.

Dans l'assemblée faite en la Chambre du Conseil de l'*Hôtel commun* de la ville d'Amiens le samedi 31 décembre 1588 « a esté ordonné quil sera escript au Sr de Saveuzes, gouverneur de Doullens, que sil luy plaira venir en ceste ville il sera très bien venu pour adviser des affaires pour la conservation de l'église catholique, apostolique et romaine, bien et seuretté du païs. Aprés avoir meurement considéré les grandes affaires quy se présentent d'heure à autre pour cest effect auxquelles le corps de l'eschevinage ne poeult fournir seul, tant à raison quil est occuppé à la police garde et seuretté de lad. ville que à l'exercice de la justice royalle et patrimonialle en lad. ville quautres affaires ordinaires a esté advisé estre expédient d'ériger une *chambre du conseil*, composée de partie de gens d'église, partie de la noblesse, et partie du tiers-état, avec deux eschevins de lad. ville, laquelle chambre advisera et donnera ordre aux affaires générales de la province, et ce quy sera advisé par lad. chambre du conseil sera rapporté aud. s^r maieur et eschevins, pour sur lesd. advis *donner decret* sy bon leur semble.

» Ce faict de l'advis de toute la compagnie a esté conclud qu'il sera escript à toutes les villes catholicques et confédérées de ceste province pour leur prier d'envoier leurs députtez en lad. chambre, affin d'y estre present et par commune main adviser de toutes affaires pour éviter à confuzion, et aussy que les cappitaines et lieutenans des compagnies et chefs des portes de lad. ville seront adjournez à son de trompe à cejourd'huy, deux heures de relevée, pour sçavoir d'eux s'ils auront agréable l'érection de lad. chambre, ce qui auroit esté faict et seroient tous comparus, saouf 18 ou 20 excusez ou malades. Tous ont dict que lad. érection étoit bonne et saincte et que mesd. s^rs, comme pères des habitans y avoient sagement et discrètement pourveu, supplians mesd. s^rs et ladicte chambre *d'emploier leur pouvoir à maintenir et conserver la religion et le repos en ceste province*, pour laquelle relligion et bien de la patrie ils désirent n'épargner leur bien et leur vie, jusqu'à la dernière goutte de leur sang. »

Cette Chambre qui fut érigée, séance tenante, sous le titre de *Chambre du Conseil des Etats de la province de Picardie,* était composée comme il suit :

Pour le Clergé :

François Roze, doyen du Chapitre ;
Louis Carquillault, grand vicaire ;
Charles Gueudon, chanoine ;
Nicolas Gaudran, chanoine.

Pour la Noblesse :

Le vidame d'Amiens ;
M. de Chocqueuse ;
M. de Saveuse ;
M. de Bovelles.

Pour la Justice :

Jacques Picart, lieutenant criminel ;
Adrien Picquet, lieutenant particulier ;
Adrien de Marœuil, conseiller ;
Gaudefroy de Baillon, procureur du Roy.

Pour la Bourgeoisie :

Nicolas de Nybat, (Sr de Belliviller), ancien maieur ;
Quentin Quesnel, président de l'élection ;
Charles Gorguette, élu ;
Antoine de Berny, receveur général.

Pour l'Echevinage :

François Gauguier, (Sr de Campreux);

Philippe du Béguin, (S^r des Alleux), ancien maieur.

Pour Secrétaires :

Michel Cochepin ;

Fuscien Pécoul ;

Jacques Dairaines.

Tous prêtent serment entre les mains du Maieur.

Une grave décision, sanctionnée par l'Échevinage, ne tarda pas à être prise par cette Chambre, Conseil des dix-huit, ou plutôt des vingt-et-un, en y comprenant les trois secrétaires.

« Le lundy 2 janvier 1589, les maieur prévost et eschevins par advis de la chambre du conseil, à Mr Anthoine de Berny receveur gnal du taillon. Comme pour prevenir au mal projecté contre les catholicques dés il y a longtemps et dont les massacres et emprisonnements faictz à Blois les 23 et 24 décembre dernier en la face des Etats généraulx de ce royaulme contre la liberté d'iceulx ont assés descouvert les pernicieux desseings et conjuraons des ennemis de nostre sacré relligion et du bien publicq, nous nous sommes résoluz de conserver ce beau tiltre de crestiens et catholicque de tout nre pouvoir jusques à ny espargner nre propre vie, et affin que les deniers tant des receptes génerralles particullières que décymes et allienations des biens ecclésiastiques ne soient distraictz et divertiz à autres effectz à quoy ilz sont destinez, qui est à faire la guerre aux heretiques et qu'au contraire ilz ne fussent emploiez à l'encontre des catholicques, nous avons advisé estre expédient *faire tout saisir et arrester lesdits deniers* et pour éviter à confusion iceux faire tomber en une *recepte generalle*, à laquelle, tant pour l'absence et suspicion de M⁰ Jehan *Dormy receveur general de Picardye,* quy est en charge ceste année que pour vostre fidellité, preudhommie, zèle et affection au bien de la cause, expérience au faict des finances, nous vous avons commis et commectons par ces présentes, vous donnant pouvoir de recevoir tout et ungs chascuns desdits deniers, ensemble ceux quy proviendront des biens de ceulx du party contraire quy pourront ci-aprez estre saisiz, faire contraindre les receveurs de ce qu'ilz deveront, et ce sur voz ordres que nous mandons au premier huissier executter et iceulx distribuer par noz ordonnances dont vous tiendrez fidel registre pour en rendre compte quand et ainsy qu'il sera ci-aprez advisé. »

Le 1ᵉʳ mars 1589, le duc d'Aumale est invité à se rendre promptement à Amiens à cause des divisions qui s'y engendraient. Il répond qu'il arrivera avec une *bonne somme de deniers*, ce qui prouve que la chambre recevait des subsides de Paris.

Le 17 mars, pouvoir est donné à Mʳˢ du Conseil de Paris, d'envoyer à Rome pour avoir l'avis du Pape sur l'Union.

Les membres de la Chambre ne perdaient pas un

instant pour organiser leur institution ou nouvelle Union, espérant sans doute la faire reconnaître à Rome comme légitime et nécessaire, à cause de l'entente de Henri III avec le roi de Navarre.

L'activité de ces nouveaux directeurs de la Ligue en Picardie n'avait pas de bornes, et ils cherchaient par tous les moyens à s'emparer du gouvernement absolu des affaires de la Province. La mort du duc de Guise (23 décembre 1588) et le pacte du roi de France avec Henri de Navarre (février 1589) avaient favorisé leurs prétentions en exaltant tous les esprits; l'autorité royale était complètement méconnue, [1] et le pouvoir fut exercé par les Ligueurs. On fit publier dans les environs d'Amiens que les habitants de cette ville « estoient résoluz de prendre les armes pour la manutention de la religion catholique, exhortant tous et ung chacun à ceste fin d'y exposer leurs vies et leurs biens. » Déclarant en outre que ceux qui prendraient le parti contraire seraient considérés comme *ennemys et traitres à Dieu et à la patrie.*

Une correspondance fut établie avec toutes les villes favorables à l'Union, et l'on envoyait des députés, avec mission de faire de la propagande, partout où on la jugeait nécessaire.

Les mesures de rigueur se succédèrent sans interruption. Pour hâter et pour accomplir cette fâcheuse besogne, et aussi pour prendre quelques meilleures

---

[1] Voir délibération de l'Échevinage du 8 janvier.

résolutions, la Chambre se divisa en deux sections : l'une s'occupant des affaires courantes et l'autre des finances.

Les personnes d'opinion contraire à la Ligue sont dénoncées, emprisonnées, exilées, taxées arbitrairement ; leurs revenus et leurs biens sont confisqués. (1)

D'un autre côté, les hostilités sont ouvertes avec le roi de Navarre, et l'armée va jouer son rôle dans cette malheureuse guerre civile, à laquelle prennent part aussi les habitants des campagnes.

Charles de Lorraine, duc d'Aumale, est élu Gouverneur et Lieutenant général pour la province de Picardie, le Boulonais, l'Artois, pays reconquis. Comme on le voit, la Ligue picarde se taillait un gouvernement qui ne manquait pas d'étendue. C'est à l'Hôtel-de-Ville d'Amiens que cette élection fut faite, le 5 février 1589. (2)

---

(1) Plus de 200 personnes d'Amiens furent arrêtées et détenues au beffroy, comme suspectes, à diverses époques. Un grand nombre prend le chemin de l'exil, volontaire ou forcé ; d'autres personnes sont surveillées et gardées à vue. Tous furent frappés de taxes et d'amendes, s'élevant à plus de 600,000 écus, entrés dans la caisse de l'Union, non compris ce que l'on put obtenir de la confiscation des biens de ceux qui avaient déserté l'Union, comme MM. d'Humières, de Saucourt, Halluin, Desclebecq, etc. Non compris aussi les dons volontaires, les impôts par catégories d'habitants.

(2) A l'occasion de cette nomination, le P. Daire dit : « Un nouveau parti se forma et nomma pour Gouverneur le duc d'Aumale, à la place du duc de Nevers.... » Par *nouveau parti*, entendait-il ceux qui étaient opposés au roi Henri III, entre autres les membres de la Chambre des États ? « Le même esprit de cabale, ajoute-t-il, avait établi dans la ville 21 capitaines, qui, par leurs usurpations, vexaient les habitants. Le roi les cassa. » Mais plus tard, les personnes qui tenaient pour le roi furent mises en prison ou chassées. On sait que le pouvoir du roi était alors méconnu.

Les autres chefs et capitaines sont successivement désignés.

Le capitaine de Saint-Martin avait le titre d'*Ingénieur*. (1) Jean Cordelois est nommé Colonel de l'infanterie. Balagny commandait la cavalerie.

Il y avait un *Intendant des vivres des troupes de Picardie*, nommé Chouyn ou Chouin, qui veillait avec sollicitude à la qualité et à la distribution des subsistances.

D'ailleurs, tout était mené de front, la guerre, les affaires et la propagande. La guerre surtout exigeait des sommes énormes, qui ne venaient pas toutes d'Espagne, (2) si l'on en juge par ce qui fut tiré de la Picardie, par les moyens violents dont nous venons de parler et dont il sera encore question.

(1) Ce capitaine était chargé de l'inspection des places fortes, de la direction des sièges, du rasement des fortifications; et l'on était sans doute fort satisfait de son travail, car plusieurs gratifications lui furent accordées, notamment pour avoir fait démolir le château de Conty. On lit dans une délibération échevinale du 26 janvier 1590, que le « cappitaine Sainct-Martin sera désigné pour *razer* led. chasteau (de Gamaches,) aux dépens du revenu d'icelluy. »

Le 27 mai 1592, les habitants de Montdidier, craignant un siège, adjurent de leur porter secours, ce qui est accordé par le corps municipal d'Amiens, qui mande à un de ses capitaines de se jeter dans la ville et décide que l'*Ingénieur*, (Saint-Martin, sans doute,) y sera envoyé avec le plus *d'artifice que l'on porra*. Il y avait alors, à Amiens, un autre *Ingénieur de Pycardie*, nommé *Pachot*, employé aussi aux fortifications et aux sièges.

(2) Divers auteurs ont prétendu que Philippe II, roi d'Espagne, avait dépensé cinq cents millions pour entretenir en France les guerres de la Ligue, qu'il espérait bien faire tourner à son profit.

La Chambre des États de Picardie accréditait des correspondants et des commissaires (1) dans les villes et dans les campagnes. Elle avait à sa dévotion des prédicateurs, des orateurs ; elle convoquait des réunions et des assemblées; elle faisait publier ses avis au prône, dans chaque paroisse.

Les forces militaires de l'Union étaient, sur ses indications, dispersées un peu partout et quelquefois au loin, à Rouen, Beauvais, Dieppe, Aumale, Neufchâtel, Paris, etc. 400 hommes étaient envoyés pour garder le Boulonais, vers la fin de janvier 1589, et, en 1591, ce corps fut renforcé des compagnies de MM. de Saisseval et d'Ailly, afin de combattre le duc d'Épernon. (2)

---

(1) On lit ce qui suit, à la date du 11 mars 1589, dans le registre aux délibérations de l'échevinage d'Abbeville :

« Sur ce que Nicolas Doremieulx, procureur au siège présidial du Ponthieu, soy-disant *commissaire*, estably à la terre et seigneurie de Nouvion, par la Chambre des estats de la province de Picardie, prétendue establie en lad. ville d'Amiens, nous a requis permission de faire sonner la trompette en ceste ville d'Abbeville, pour faire publier une vente de blé et de bois, par suite de saisie de la terre de Nouvion.... avons différé d'accorder sa requeste, jusqu'à nouvel ordre. »

(2) Le Boulonais, où le duc d'Aumale avait déjà échoué en 1588, donnait du fil à retordre à l'échevinage d'Amiens.

Le 30 mai 1589, la ville d'Amiens envoie deux députés au Conseil de la Ligue, à Paris, pour demander entre autres choses que le Boulonais soit surveillé. Leurs instructions portent ce qui suit :

« Seront *exagérées* les affaires du Boullenois pour la misère où nous sommes réduits par les incursions et moleste de Bernay,... pourquoi le Sr de Rambures a esté contraint abandonner le fort du mont Lambert et augmenter ses forces de moitié, à ce qu'il plaise à Mesd. Srs (du Conseil général de l'Union) d'y pourveoir : que s'il n'est promptement pourveu aud. Boullenois qui sert de frontière allencontre de la descente des Anglais, la ville de Monstroeuil sera peu assurée, qui causeroit une ruine totale de toute la province. »

400 écus furent comptés au duc d'Aumale pour se rendre avec des troupes au secours de la ville de Chartres. Le duc avait demandé 800 écus, mais l'échevinage ne voulut pas y consentir. De semblables compositions avec les chefs militaires n'étaient pas rares. Le duc d'Aumale se montra d'ailleurs fort exigeant en diverses circonstances.

Déjà le 23 avril 1589, ordre avait été donné d'attaquer Compiègne et de l'emporter de vive force, sans y procéder par la *blocque, moyen trop long et ruineux pour le peuple.*

Le 23 février, il est accordé par la Chambre des États, à la ville de Noyon, 600 écus, à prendre sur les 2,000 fr. de pension que *M. Barbenson, notoirement suspect,* possède sur l'abbaye de St-Éloy, afin d'employer cette somme aux réparations de ladite ville.

Le Mardi 1er août 1589, deux députés de Montdidier, MM. Bertin et Darmagies, viennent à Amiens exposer que l'ennemi tient tous les forts aux environs de Montdidier, que la garnison de cette dernière ville *s'écoulle peu à peu faute de paiement,* et qu'il faut aviser. Il leur est répondu par M. Desbrosses ou Debrosses [1] « que pour les grandes affaires de la Province il auroit mal aise de pourvoir à tout au

---

(1) Il s'agit de Tiercelin, seigneur de Brosse, gouverneur de Mouzon, puis de Doullens, gentilhomme de la Chambre sous Henri III. Ce personnage, semblait avoir un rôle important. Il était quelquefois appelé dans la Chambre du Conseil, avec d'autres notables, pour donner son avis.

contentement d'un chacun, mais que la *Chambre des Estats* feroit ce qu'elle pourroit pour leur ayder et pourveoir à leur contentement. »

Parmi les prédicateurs, quelques-uns se faisaient remarquer par leur fanatisme, au point que l'Échevinage d'Amiens dut, à plusieurs reprises, les rappeler à la modération, notamment lors de l'établissement de la Confrérie hostile du *Rosaire*, en 1590, ou lorsqu'on se permettait, comme le fit en chaire un Jacobin, de mettre en doute la fidélité du Corps de ville à l'Union (30 novembre 1591); sur ce point pourtant, le prédicateur n'avait pas tout à fait tort, car la défiance et la suspicion se montraient parfois dans le sein même du Conseil municipal; ainsi, un maire fut privé des clefs de la ville et il ne pouvait lire les correspondances sans être assisté de plusieurs de ses collègues.

Les orateurs civils les plus éloquents étaient : Vincent Boullanger, Claude de Heu, Jean Cordelois, François Castelet, Sr de Thérouenne, qui fut député aux États généraux de Reims et de Paris, et quelques autres.

Ceux des Membres qui étaient chargés des finances et de l'administration des affaires courantes ne manquaient ni d'embarras, ni d'ennuis. Ils étaient loin de suffire à tout, mais ils prirent cependant quelques bonnes mesures, entre autres celle de protéger, au moyen de la force armée et de conventions diverses, le travail des champs, entravé par les courses des ennemis. Ils firent aussi tous leurs efforts pour rétablir les relations commerciales et industrielles interrompues, et pourvoir à la sûreté des chemins. [1]

Malheureusement, on ne put entièrement remédier aux vols et pillages des maraudeurs, qui se réfugiaient dans les ruines des places démantelées. [2]

En outre, les besoins d'argent étaient si grands que l'on fut obligé, pour y subvenir, d'établir des droits sur les marchandises qui entraient dans Amiens, ou qui en sortaient. [3]

Le 7 avril 1589, deux membres de la Chambre, Philippe du Béguin et Me François Castelet, sont chargés d'assister à l'instruction et au procès relatifs à la tentative d'évasion de Mad^e de Longueville et de M. le Cte de Saint-Pol, prisonniers de la Ligue, à Amiens.

Le 8 mai, Balagny, en son nom et sans doute avec l'assentiment de la Chambre, enjoint à tous les bour-

---

[1] On lit dans un échevinage, à la date du 1er mai 1589 :
« Le Gouverneur de Dieppe demande que le traficq soit libre pour les marchans, comme pour les laboureurs, et que de ce en a été mandé advis par M. de Lannoy, Gouverneur de Eu, sur la mer, qui a esté renvoyé icy par MM. de la Chambre des Estats, a esté ordonné que le greffier de lad. ville (d'Amiens) se transportera devant lad. Chambre des Estats, où il fera entendre que MM. trouvent bon telles commerces, que ce n'est que nourrir la guerre et qu'il est de nécessité faire la guerre ouverte à son ennemy. »

[2] Les habitants des campagnes étaient obligés de garder leurs biens et leurs récoltes les armes à la main. La Picardie était alors comme la Tunisie aujourd'hui.

[3] Délibération du 14 juin 1590. Le Corps de ville avait alors repris la direction des affaires de la Ligue.

geois de faire conduire leurs chevaux enharnachés aux magasins de la ville, à peine d'amende et de confiscation des chevaux. Cette réquisition ne fut pas du goût de tous, mais il fallait se soumettre.

La Chambre, étant alors surchargée de travaux de toute nature, demande de l'aide à MM. de la ville ; on lit ce qui suit, à cet égard, dans une délibération du 19 avril 1589 :

« Sur ce qu'il a esté dict que Mrs de la Chambre des Etatz de Picardie désiroient que M^{rs} depputent deux eschevins pour assister, en lad. Chambre, outre les deux autres qui y sont depputez, affin qu'en l'absence d'aucuns il s'y trouve toujours quelqu'un. A esté ordonné que quand à présent il n'y sera commis que ceux quy y sont depputez. »

Quoiqu'il en soit de ce refus, les relations continuent et les autres propositions de la Chambre sont accueillies favorablement à l'Hôtel-de-Ville. Le 16 mai, sur l'avis de la Chambre, l'échevinage décide que le « train de Mme de Longueville sera reduict au nombre de vingt personnes, tant pour elle que pour M. le Cte de Saint-Pôl. Plus tard, le nombre des serviteurs des nobles prisonniers fut réduit à cinq.

Au mois de juillet, il fallait que les pouvoirs de Mrs de la Chambre fûssent encore bien grands, car ils décidaient, de concert avec la municipalité, l'exécution d'une mesure des plus regrettables, celle de « lire les lettres qui entraient dans Amiens et qui en sortaient. »

Quel profit retira-t-on de cet acte excessif ? Il n'en est fait mention que deux fois dans les délibérations :

La première, « le 7 septembre a esté veu ung pacquet de lettres envoyé par l'ambassadeur de la reyne Élisabeth (d'Angleterre) à lad. reyne, dans lequel ont esté trouvez plusieurs lettres suspectes et mal parlantes de l'Union.... » Ces lettres furent envoyées au duc de Mayenne.

La seconde fois, dans l'affaire du doyen Rose, dont il sera parlé plus loin.

Le 16 juillet 1589, M^{rs} des Etats « remonstrent à l'Echevinage qu'il est de nécessité de trouver argent, qui est le principal nerf de la guerre ; à ceste cause demandent 3666 escus deux tiers pour les subventions des villes closes. Sur quoy a esté arrêté que les habitans aisez de la ville d'Amyens seront tenuz porter lad. somme. »

Cinq jours après, cette somme fut exigée de trois personnes suspectes au parti de l'Union : Robert Vignon, Pierre Decais et Nicolas Choquet.

De semblables réquisitions arbitraires étaient habituelles à la Chambre des Etats. Quelques jours auparavant 7,500 écus avaient été imposés à divers autres suspects à l'Union, et encaissés par Jean Boistel, échevin.

Ce dernier, qui était en même temps maître de la Monnaie d'Amiens, avait promis à la caisse des Eats de lui faire fabriquer 2000 l. en espèces de *doubles*, à titre de prêt, mais le 7 septembre 1589, les officiers de la Monnaie informèrent l'échevinage qu'ils ne pouvaient permettre ladite fabrication sans la permission de la Cour des Monnaies. Après délibération sur cette affaire assez grave, l'échevinage conclut ainsi :

« Attendu qu'il est du tout impossible d'envoyer en la Cour des Monnaies à Paris, pour le danger des chemins, sur lesquelz ont esté destroussez trois messagers portans mémoires au Conseil séant à Paris, pour obtenir lad. permission, et pour éviter à tumulte et sédition populaire. Il sera enjoinct aux officiers de lad. Monnoye procéder à lad. fabrication promptement, sans préjudice aux droictz et autoritez de lad. Cour et sans tirer à conséquence. »

On voit que, malgré ses nombreuses réquisitions de deniers, la caisse de la Ligue était souvent à sec, et que par tous les moyens il fallait battre monnaie.

Nous transcrivons ci-après, en son entier, la teneur de l'un des actes officiels de la Chambre, le seul que nous ayons rencontré aussi complet.

C'est Pagès qui, dans sa chronique, donne le texte de cet acte, ainsi qu'il suit :

« La Chambre du Conseil des Estats establie à
» Amiens pour la province de Picardie,

« A tous ceux qui ces présentes Lettres verront,
» salut... comme Ferry de la Houssoye, seigneur de
» la Motte, nous ait présenté requeste contenante
» par icelle qu'il est âgé de 68 ans et que toute sa

» jeunesse il s'est exposé aux guerres contre les
» Bourguignons et que de fait a esté estropié d'un
» bras au siége de St Quentin, tellement qu'il ne
» peut plus porter les armes parce qu'il ne peut plus
» rien faire à raison dudit bras, duquel il ne peut plus
» ayder, sçavoir faisons qu'après que led. de la Hous-
» soye auroit esté mandé aud. Conseil et ouy en ses
» excuses qu'il est estropiéit (*sic*) d'une main et sexa-
» génaire, a déclaré qu'il n'a de revenu plus de 80
» livres de rente et veu l'acte des maieurs et esche-
» vins de cette ville portant que ledict seigneur de la
» Motte avoit juré et signé par devant eux l'Union
» des catholiques, avons ordonné et ordonnons qu'il
» demeure exempt de faire service en l'armée et de
» porter les armes, en tesmoing de quoy nous avons
» faict mettre le scel de lad. chambre à ces présentes.
» Donné aud. Amiens et expédié par ladite chambre
» le 13° jour de may 1589.

» Signé : COCHEPIN. »

« Au bas de l'original de cet acte expédié en parchemin que j'ai veu et qui est entre les mains d'une
personne de ceste ville d'Amiens est un sceau imprimé
sur un morceau de papier appliqué sur de la cire rouge,
on y voit au bas de l'escu 3 fleurs de lys. On ne peut
distinguer ce qu'il y a dans le chef de l'escu, qui est
surmonté d'une couronne fermée. Autour de l'escu
sont escrits ces mots autant qu'on peut les distinguer :

C'est le scel des Estats de la Chambre de Picardie. »

Le certificat de l'Echevinage est ainsi conçu :

« Les mayeurs, prévost et échevins de la ville et cité d'Amiens certifions à tous qu'il appartiendra que Ferry de la Houssoye, escuier, seigneur de la Motte, demeurant à Baubergue (Boibergue) près Doullens, depuis trois mois a signé et juré l'Union des catholiques par devant nous, dont il a requis le présent acte à luy expédié pour luy servir ce que de raison. Fait ce 13° may 1589.

« Signé DELESSAU. »

Précédemment, le 12 février 1589, le Conseil eut à résoudre la question de savoir comment serait intitulée, avec quel titre et autorité, une convocation qui devait être faite à la noblesse ; il fut décidé que cet écrit porterait ce qui suit : *de par Monseig^r de Balagny, lieutenant-général, et Messieurs des Estats de la province de Picardie.*

On ne voit dans aucune cérémonie les membres de la Chambre figurer en corps ; on ne leur avait assigné aucun rang de préséance.

CHAPITRE II

PROTESTATIONS ET PLAINTES CONTRE LA CHAMBRE
DES ÉTATS — DISSOLUTION ET SES CONSÉQUENCES.

Le 22 février 1589, l'échevinage d'Abbeville, sans vouloir rompre avec Amiens, tenait, par lettre, aux officiers municipaux de cette dernière ville, un langage que l'on peut qualifier d'énergique, pour le moins, à l'égard de la Chambre des États établie à Amiens.

« Nous vous prions, est-il dit, ne trouver mauvais, sy doresnavant nous ne delleguons aulcun de nostre part pour assister en vostre prétendue chambre d'Estats que nous ne pouvons plus longuement advouer. »

Cependant, à la fin du mois suivant, un délégué d'Abbeville assiste à une assemblée générale des Etats de la province de Picardie, tenue à Amiens. De retour de sa mission, ce député raconte à ses compatriotes, ce qui est vrai, que les deniers encaissés jusque-là par la Chambre sont épuisés et que 20,000 escus de rente annuelle sont nécessaires pour faire face aux dépenses qui doivent être supportées par les villes et communes de la province.

Sur ce rapport, l'Assemblée échevinale d'Abbeville

du 13 avril décide « qu'elle n'entrera en aulcune obligation pour lad® somme de xx^m escus. »

Le 21 du même mois d'avril, deux députés de la *Chambre des Estats de Picardie*, assistent à une assemblée à Abbeville ; ce sont Mre Nicolas de Nibat, écuier, s^r de Bellivillers et Pierre Heu, prévost de Beauvaisis à Grandvillers ; ils adjurent M^rs d'Abbeville de fraterniser avec Amiens, et prennent longuement la défense de la Chambre des États établie à Amiens, donnant des détails élogieux sur son organisation et ses actes.

« Il est utile et nécessaire, disent-ils, au bien de l'Union et Saincte Ligue de continuer la Chambre des Estats, establie du consentement de toute la province, mesmes par ceulx de la sénéchaulcée et comté de Ponthieu, pour la direction des affaires de lad. province, la *conservation des bons et la terreur des méchans*, et protestent advenant quelque pied de division et zizanie, que Dieu ne voeulle qu'il ne soit rien imputé ausd. s^rs de lad. Chambre ou de la ville d'Amiens, lesquels n'espargneront jamais aulcuns moiens ny leurs vies pour solliciter leurs voisins de se mettre et ranger au debvoir auquel tous chrétiens et bons compatriotes sont obligés. » [1]

Ce discours habile n'a aucun succès auprès des Abbevillois, qui préfèrent se rattacher à Paris plutôt qu'à Amiens.

« La ville d'Abbeville et sénéchausssée de Ponthieu

---

[1] *La Ligue à Abbeville*, par Prarond. Paris, 1868, t. III.

ne poeuvent recevoir commandement que de Mrs de Paris et non de la Chambre que l'on voeult dire estre establie à Amiens... joinct aussy que deppuis que ceulx qui sont en lad. Chambre on a pas veu qu'aucune de leurs ordonnances ayt beaucoup réussy au bien et soullagement du pauvre peuple... L'on a rapporté que le fonds des finances est épuisé, ils ont faict despence depuis le Noël dernier plus de 43 mil escus... Les garnisons des villes et chasteaux ne sont point nécessaires à ung quart prés du nombre qui en a été requis. »

Les plaintes d'Abbeville contre la Chambre des Etats d'Amiens sont en partie fondées, mais en ce qui concerne la question d'utilité et lieu de son établissement, on voit que l'esprit de rivalité de clocher a un peu guidé les protestants. MM. les Abbevillois auraient voulu que l'autorité de cette Chambre ne s'étendît pas au Ponthieu, qui serait resté indépendant, ou aurait eu son autonomie particulière et son pouvoir, ne relevant que du grand conseil siégeant à Paris.

Plus tard, cependant, les Abbevillois ne contestaient plus l'existence d'une Chambre provinciale au chef-lieu de la province, mais ils demandaient, ce qui était juste, qu'elle fut réorganisée sur d'autres bases que l'arbitraire et la dictature.

Il ne faudrait pourtant pas conclure des objections soulevées par les Ligueurs d'Abbeville qu'ils ont gouverné chez eux avec moins de violence que leurs voisins. On les voit, au contraire, d'après leurs délibérations échevinales, à partir du meurtre des Guise, *décréter la peine de mort contre les adversaires de l'Union*, et ordonner le dépôt à l'Hôtel-de-Ville d'un registre où chacun est tenu de dénoncer par écrit les suspects [1]. Plus tard, et à l'exemple de Paris, le Corps-de-Ville élit quatre notables bourgeois, bien zélés catholiques, pour commettre en son quartier un *dizenier*, ou chef sur dix ménages qui « observera les depportemens et propos de ceux de sa dixaine et rapportera tout ce qu'il aura veu et cogneu au chef du quartier pour le faire savoir aux dis maire et eschevins [2] ».

Tous ces actes, dictés par la passion du moment, n'empêchèrent pas les Abbevillois de se soumettre de bonne heure à Henri IV. Le 16 avril 1594 une assemblée de notables d'Abbeville reconnaît ce prince comme roi de France, et l'échevinage décide, entre autres choses, « que les prédicateurs seront priez et admonestez d'eulx comporter modestement en leurs prédications, sans invectives contre personne [3]. »

Quelque temps auparavant, le 18 janvier 1594, les maieur et échevins d'Abbeville et de Saint-Riquier, écrivaient à l'échevinage d'Amiens pour le prier d'obtenir la *neutralité* d'Abbeville et de Saint-Riquier. M[rs] d'Amiens ont répondu qu'ils *empêcheroient au contraire la neutralité le plus qu'ils pourraient.*

(1) *Echevinages d'Abbeville*, 1589-90. A. Thierry, p. 458, t. IV.
(2) *Dom Grenier*, vol. 47, p. 276.
(3) *Archives d'Abbeville, Reg. aux délibérations de 1593 à 1595*, p. 239.

Dans les instructions données à Mrs Prévost et Gouger, lors d'un voyage qu'ils firent à Paris, pour les affaires de l'Union, ils étaient chargés d'exposer à M. de Mayenne la situation difficile de la Chambre des Etats de Picardie.

« Du deuxième jour de Juing mil cinq cent quatre vingt neuf.

« Depuis l'érection de la Chambre des Etatz de ceste province et sans respect dicelle, encore quelle eust esté establye et dirigée solempnellement par les voies qui estoient à observer comme d'un commun consentement des autres villes et de leurs depputez quy y ont dict, remontré et proposé ce qui estoit utile et nécessaire à l'introduction de lad^e chambre, assisté aux délibérations et occurences des affaires quy sy sont continuellement présentées, toutefois pour le jourdhuy ilz s'en veullent retirer, comme de faict ils sen retirent, ny communiquent soit par advis, suportz ou de leurs moiens, ains contreviennent à leur première intention, tiennent chambre du Conseil en chacune ville particulière ou ilz décident et exécutent ce quil appartiendroit à lad^e chambre, chose qui apporteroit désordre et confusion et manque de secours aux affaires qui nous pressent et importent au pais.

» Pourquoy ilz ont advisé estre expédient requérir mond. seigneur et duc de Mayenne et Mesd. s^rs du Conseil général, qu'il leur plaise retenir la cognoissance auctorité et maniement des affaires de lad. province, qui estoit attribuée en lad° chambre préalablement par l'advis desd. maieur, prevost et eschevins et de ceulx qui ont eu rang en l'ad. chambre provincialle, pour passer par le résultat de Mesd. s⁽ʳˢ⁾ du Conseil général [1], sauf pour les affaires qui requièrent célérité et provision, ausquelles les principalles villes et communaultez de chacun bailliage et sénéchaussée pourvoiront par l'advis des gouverneurs des places ou en leurs absences de leurs lieutenants. »

On voit, par ce qui précède, que les magistrats municipaux d'Amiens, témoins de l'impopularité de la Chambre du Conseil des États de Picardie, dont plusieurs villes ne voulaient pas reconnaître l'autorité et appliquer les mesures excessives, prirent, sans doute, le parti de lui retirer ses pouvoirs.

De nouvelles plaintes se font entendre, le 12 septembre 1589, dans une assemblée tenue en la grande salle de l'Hôtel-de-Ville d'Amiens.

« M. Imbert Louvel a dict que la ville est fort foullée à cause de la *Chambre des Estatz, qui ne porte que le nom et non l'effect*, et a esté cause que les habitans ont esté surchargez et a requis que le fiscal oyt à dire pour les habitans. Sur ce led. fiscal a dict que ceste affaire a esté plusieurs fois agitée en l'hostel de ville et que mesme ont esté depputez deux de M⁽ʳˢ⁾ à Paris pour cest effect [2]. Touttefois pour les pro-

---

[1] Le Conseil séant à Paris.
[2] Ces deux députés étaient MM. Prévost et Gouger, dont il vient d'être parlé.

messes faites d'obeyr au Conseil, la chose auroit esté surceye, et à présent que personne ne voeult obeyr, requiert que *le tout soit remis au Conseil de Paris,* sauf pour les choses provisoires, auxquelles seroit pourveu comme auparavant les troubles. Sur quoy pour la conséquence du faict a esté ordonné que vendredy prochain il se fera une assemblée pour cest effect. »

Cette assemblée du vendredi a-t-elle eu lieu ? Il n'y en a aucune trace dans les délibérations.

C'est le 19 septembre 1589, qu'il est question, pour la dernière fois, de la Chambre :

« M. le vidame d'Amiens demande (à l'Échevinage) qu'ilz entretiennent 30 soldats dans le château de Picquigny, sans laquelle garnison, il ne peut conserver la place qui est d'importance. Résolu que *MM. du Conseil de l'Union seront priés d'y pourveoir,* sinon, ordonné qu'il y sera pourveu aux dépens de la ville. »

Dans ces circonstances, la Chambre du Conseil ne pouvait que se soumettre ou se dissoudre. C'est la dissolution qui eut lieu, sans doute à la suite d'une décision sur laquelle les Archives gardent le silence.

La chambre du Conseil des Etats de Picardie disparut donc sans autre bruit, et le Corps-de-Ville d'Amiens reprit comme auparavant, la direction des affaires de la Ligue, ainsi que l'attestent ses délibérations. Nous dirons plus loin ce qui en advint ; mais d'abord, il est bon de caractériser le rôle important joué par la Chambre des Etats de Picadie pendant la durée de sa mission.

Cette Chambre, après avoir fonctionné pendant vingt mois, laissait malheureusement plus de ruines que de regrets, car les actes passionnés et violents et les confiscations n'étaient que trop souvent à l'ordre du jour de ses délibérations.

Il faut dire d'ailleurs que les mêmes mesures étaient prises à peu près partout, à l'instar de Paris, où était le pouvoir supérieur de la Ligue qui transmettait ses avis aux municipalités, sans néanmoins les diriger d'une manière absolue. Chaque corps-de-ville avait la prétention de gouverner, non seulement selon ses anciens droits et privilèges, mais encore en s'attribuant par surcroît, des pouvoirs arbitraires et despotiques. Telle était aussi la Chambre des Etats de Picardie qui ne s'est pas bornée à fonctionner à titre d'aide et de conseillère; elle prit et exerça une initiative, une action directrice incontestable, devant laquelle le Corps-de-Ville s'inclinait le plus souvent, se bornant à décréter l'exécution des propositions de la Chambre.

C'est en vain, pourtant, que cette institution avait voulu étendre son pouvoir à toute la province picarde; elle dut, comme on l'a vu, restreindre son action à certaines régions, qui avaient répondu à son appel.

Malgré tout ce qu'on peut lui reprocher, il faut rendre à la Chambre des Etats de Picardie la justice de constater que ses membres, qui ont eu tant d'argent à leur disposition et tant d'occasion de pêcher en eau trouble, n'ont pas profité de leur position pour s'enrichir. On ne trouve, du moins, aucune plainte à ce sujet. Plusieurs de ces Conseillers ont, en diverses circonstances, versé dans la caisse de l'Union leurs propres deniers.

N'oublions pas non plus de lui tenir compte des mesures qu'elle a prises en faveur du rétablissement du commerce, de l'industrie et du travail. C'est en accomplissant une tâche aussi louable dans toutes les affaires de la Ligue, que la Chambre des Etats de Picardie aurait mieux rempli la mission qu'elle s'était assignée, en jurant de *travailler pour le repos et le bien de la patrie.*

D'un autre côté, la Chambre, ainsi que l'Hôtel-de-Ville, ont dû parfois agir sous la pression du peuple qui, dès 1589, poussait aux mesures extrêmes contre les ennemis de la Ligue et qui, un peu plus tard, demandait avec *arrogance* qu'il fût fait *justice contre ceulx qui parlaient contre la religion, ou en faveur du roi de Navarre*, ajoutant que si justice n'était pas faite, *le peuple la feroit lui-même* (4 juin 1590.)

C'est ainsi que, jusqu'en 1594, une partie de la population ouvrière se montrait à l'avant-garde du parti de l'Union, qu'elle déserta peu de temps après, poussée par la misère, et sans doute aussi gagnée par argent et promesses.

En cessant leurs fonctions, presque tous les membres de la Chambre demeurèrent attachés à la Ligue qu'ils servirent à divers titres, les uns pour les affaires courantes, d'autres comme capitaines de troupes ;

plusieurs étaient chargés de missions particulières, entre autres Mrs de Nibas, de Mareuil, du Béguin [1], de Berny. Le greffier de la ville, Delesseau, était aussi fréquemment chargé de ce rôle de député ou de diplomate.

Si maintenant l'on considère ce que cette Chambre aurait pu faire, il paraît certain que, dirigée avec plus d'habileté, de modération et de justice, elle aurait rendu de réels services. Le Corps-de-Ville avait assez d'attributions, sans y ajouter par surcroît un pareil rôle. Cela est si vrai que, quinze mois après la chute de cette Chambre, l'échevinage de Montdidier priait celui d'Amiens, le 22 avril 1591, de *rétablir une nouvelle Chambre du Conseil, pour donner ordre aux affaires de la Province.* M^{rs} d'Amiens répondirent qu'ils ne le feraient pas, mais qu'il était bien nécessaire que les villes communiquassent souvent ensemble [2].

On voit que l'échevinage d'Amiens voulait prendre, à son tour, un pouvoir centralisateur, qui, en définitive, ne fut pas moins autoritaire, dans sa sphère, que celui qui venait de succomber en s'exerçant sur la province

[1] Ces trois noms étaient aussi écrits : de Nybats, Denibat, Marœul, du Béguyn. Beaucoup d'autres noms sont dans le même cas de varité. Jamais l'orthographe n'a été moins fixe.

[2] Nous avons déjà dit plus haut que ces communications existaient, car assez souvent les villes de la Picardie, et même celles des provinces voisines comme Pontoise, Corbeil, etc. s'adressaient à l'échevinage d'Amiens pour avoir des secours, en troupes ou en argent, jusqu'au moment où la plupart se sont ralliées au roi de Navarre.

entière. Les magistrats municipaux d'Amiens ne se soumettant à aucun contrôle, et méconnaissant même souvent l'autorité de Mayenne, pour lequel ils avaient cependant une grande déférence [1], n'ont pas administré les affaires de la Ligue avec plus de modération que leurs devanciers, au contraire, ainsi que nous allons le démontrer. Toutefois, un certain désarroi existait dans les affaires de la Ligue depuis la mort de son roi, Charles X, (9 mai 1590), et par la suite, les succès croissants d'Henri de Navarre, jetèrent partout l'alarme. Les Ligueurs ne pouvaient s'entendre sur le choix d'un souverain : le survivant des Guise, Mayenne lui-même, avaient des partisans, l'ambassadeur d'Espagne proposait Isabelle, fille de Philippe II.

En attendant une solution, les Ligueurs picards, s'en rapportant au choix qui serait fait par les princes catholiques, se mirent à guerroyer à outrance, sauf

---

[1] Les ordres militaires donnés par ce chef supérieur de la Ligue à ses subordonnés n'étaient pas exécutés avant d'être soumis par ces derniers à l'échevinage. C'est ainsi que M. de Saisseval et autres demandèrent le consentement de M^{rs} de la ville pour aller au secours de Paris; et parfois le duc d'Aumale lui-même, et Balagny, manifestaient la même soumission. On sait avec quelles difficultés Mrs de Mayenne et de Guise ont obtenu la mise en liberté de Mmes de Longueville. Ce n'est qu'à la suite d'une assemblée et d'une délibération orageuse, terminée dans la nuit du 21 janvier 1592, que ces dames furent enfin libres de quitter leur prison. La ville avait député Antoine de Berny et Imbert Louvel, pour aller s'entendre à ce sujet avec le duc de Mayenne, qui était à Reims, pour la tenue des Etats ; mais ces députés, sachant que leur mission déplairait aux habitants, ne voulaient pas partir, et il fallut les y contraindre, sous peine de *saisissement de leurs biens*. (*Echevinage de Septembre* 1591.)

pendant la trêve, où il y eut un peu de relâche (9 août au 23 novembre 1593); dès le 23 mars, on requérait le duc d'Aumale de faire raser les châteaux et forteresses des environs d'Amiens, afin qu'ils ne fussent pas pris par l'ennemi. Les abbayes, maisons particulières et autres lieux susceptibles d'abriter et de protéger le parti ennemi étaient occupés et gardés par les troupes, au nom de la Ligue, lorsque la destruction n'en était pas ordonnée :

Démolir ! Raser ! tel était le cri général, tels étaient les mots qui revenaient sans cesse dans les actes du temps. C'est ainsi que tant de curieux et intéressants édifices ont été détruits ! Citons entre autres : Avesnes, Beauquesne, Thennes, Belleuse, Contay, Conty, Contre, Chaussoy, Folleville, La Faloise, Famechon, Gamaches, Lihons, Rubempré, Rivery, Les Ruisseaux, Saint-Ouen, etc.

Pour faire face à l'ennemi, qui était habile et nombreux, il fallait beaucoup de soldats et beaucoup d'argent, en sorte que parmi les dépenses les plus considérables, il faut mettre en première ligne l'entretien des troupes, les secours aux malades et aux blessés [1]. La Chambre avait créé, le 1er février 1589, un corps appelé *Légionnaire,* qui, avec les soldats commandés par le gouverneur d'Aumale, le lieutenant

---

[1] On lit ce qui suit dans une délibération du 6 juin 1591 : « Le cirurgien de la ville visitera et pansera les soldatz blessez mardy à l'escarmouche, près Amiens, allencontre de la garnison de Corbie et ausquels soldatz sera donné chacun deux escus, pour les aider à vivre pendant leur maladie. »

général Balagny et par d'autres officiers, constituait une force imposante, mais bien insuffisante encore pour garder tous les points menacés ; aussi fut-on obligé d'augmenter la *Garde légionnaire* [1], d'enrôler la jeunesse amiénoise, de faire appel aux soldats du duc de Parme et autres, d'armer les habitants de la campagne, pour garder les champs, préserver les récoltes, et signaler l'ennemi en sonnant le tocsin. On envoyait dans les compagnies tous les hommes valides ; des religieux, des ecclésiastiques, partaient résolument en guerre.

Tout cela coûtait fort cher, et pour subvenir aux dépenses, on usait et abusait de tous les moyens : saisies des revenus des abbayes tenues par des laïques, confiscations des biens des ennemis, rançons des prisonniers, taxes arbitraires ; mais, coûte que coûte, il fallait vaincre. On disait aux capitaines : allez battre l'ennemi, emparez-vous de telle place et de telle ville. Ce qui n'empêchait pas que, parfois, ces victoires décrétées, tant par la Chambre que par l'Échevinage, se changeaient en défaites, malgré le courage déployé par plusieurs capitaines. Le capitaine Martimont ne put se maintenir dans les places qu'il était chargé de défendre, Avesnes, Breteuil, la Faloise, les Ruisseaux. Il en fut de même à Conty et en d'autres places.

Un malheureux commandant de place, nommé d'Austruy, fut *sommé* de reprendre le château de Fol-

[1] 8 octobre 1591.

leville, dont les ennemis s'étaient emparés ; mais il ne put y réussir (26 juillet 1589.) Heureusement pour lui, il n'eut pas le même sort que le capitaine de La Chapelle, qui, pour avoir laissé prendre le château d'Heilly, le 23 décembre 1590, fut arrêté et emprisonné.

Mais, en revanche, la Chambre des États avait eu la main un peu plus heureuse en choisissant Balagny [1], comme lieutenant général du duc d'Aumale. C'était un soldat dévoué, assez favorisé dans ses expéditions ;

---

(1) Jean de Montluc, seigneur de Balagny, gouverneur de Cambray, fut élu lieutenant général en Picardie, le 15 janvier 1589, et agréé par le duc d'Aumale le 11 mars.

Sa commission, en date du 13 février 1589, est semblable à celle du duc d'Aumale, sauf que Balagny est nommé seulement : « *Lieutenant général en ce gouvernement de Picardie, Boullenois, Arthois, et païs reconquis.* Tandis que sur la commission du duc d'Aumale, il y a en plus : « *pour exercer soubz l'autorité des Estatz du roiaulme, avec mesmes honneurs, prérogatives et droictz, qu'avaient ses prédécesseurs.* »

(Sceau de l'Hôtel-de-Ville.)

Dans une lettre que Balagny écrivait à l'Echevinage de Saint-Quentin, le 7 août 1589, pour le solliciter d'entrer dans l'Union, il s'exprime ainsi : « Y a-t-il eu autre division entre nous que la distinction qu'on a voullu faire des catholiques que l'on appelait les *vrais réalistes* et les auteurs de la Ligue ; des catholiques, qui réalistes se voudroient appeler, ne peuvent plus avoir de couverture, veu que celluy qui veult s'introduire à la couronne, et qui, depuis la mort du roi, a voulu forcer la noblesse et les peuples à faire un serment nouveau, n'est pas catholique, mais le persécuteur de l'Église, dont font foi les massacres qui sont arrivés en tant d'endroits. »

Signé : MONLUC.

On voit par là que Montluc, Sr de Balagny, était réellement alors dévoué à la Ligue ; cependant, dès la fin de novembre 1593, Mme de Balagny, suivait une autre voie, assurément du consentement de son mari : elle commençait à traiter avec Henri IV pour placer Cambrai sous la il commença la campagne avec 250 lanciers seulement cantonnés à Bray, mais ce nombre fut, par la suite, notablement augmenté. Balagny, se portant avec rapidité sur les points menacés, parvint plusieurs fois à repousser victorieusement l'ennemi. Ses quelques succès l'avaient assez bien posé, aussi était-il l'enfant gâté de Mrs du Conseil et de la ville, qui déléguèrent quatre d'entre eux, en juin 1589, pour tenir sur les fonts de baptême son fils, auquel ils donnèrent pour prénom : *Damien*.

Le présent d'une vaisselle d'or, qui fut fait au nouveau-né représentait une valeur de 100 écus. On aurait peut-être voulu faire plus, mais l'état des finances ne le permettait pas.

Le dénuement était tel que l'on était parfois obligé de reprendre à des serviteurs de la cause ce qu'on leur avait donné comme récompense, sauf à le leur restituer si les temps étaient devenus meilleurs. Balagny lui-même fut victime de cet état de détresse. On lui avait fait présent des chevaux de M. le comte de

protection de ce dernier, en assurant à Balagny le titre de *Prince* de cette ville, ce qui fut réalisé le 12 août 1594; de plus, il fut créé maréchal de France.

Balagny aimait à exiger de fortes rançons des prisonniers, disant : « il faut se servir de son ennemi lorsqu'on le tient. » Si encore les prisonniers faits par les Ligueurs en avaient été quittes pour leur argent, mais ils avaient à souffrir parfois, physiquement et moralement, toutes sortes de violences et de persécutions. La famille de Longueville eut à passer par beaucoup d'épreuves, surtout après sa tentative d'évasion. D'un autre côté, les Ligueurs pris par leurs ennemis n'étaient pas plus heureux : M. de Saisseval s'est plaint plusieurs fois d'avoir été fort mal traité dans sa prison de Compiègne, notamment le 12 juin 1589.

Sᵗ Pol, mais on fut obligé de lui réclamer la nourriture et le logement de ces animaux mis en fourrière, ce qui montait à une somme fort élevée, en sorte que le présent fut refusé par le donataire et que les chevaux furent vendus. Le prix servit d'abord à payer les frais, et le surplus entra dans la caisse de la Ligue, véritable tonneau des Danaïdes [1].

Malgré certaines défections, la Ligue a été servie par ses chefs militaires avec un dévouement digne d'une meilleure cause [2]. Outre ceux dont nous avons déjà parlé, il faut citer comme s'étant distingués : le vaillant de Saveuse, mort héroïquement avec un grand nombre de soldats picards, au combat de Bonneval, le 18 mars 1589; de Saisseval; d'Armoise, fait prisonnier au siège de Senlis [3].

Signalons aussi Mʳˢ d'Estourmel et de Signy, chargés de s'emparer des châteaux de Briot, Béthencourt, Bonneliez, Chaulnes, Dargy, Domeliers, Falvy, Voyenne. A cette occasion 500 écus furent promis à celui qui indiquerait l'endroit où se trouvait l'argent du comte de Chaulnes.

Rappelons surtout la mission bien autrement utile

---

[1] Cette malheureuse caisse fut plus tard menacée d'être grévée d'une pension de 10,000 écus par an, demandée par le duc d'Aumale en récompense de ses services. Le duc de Mayenne intervint fort à propos pour mettre cette demande à néant (Ech. du 10 avril 1591.)

[2] Ceux qui passaient d'un camp dans l'autre traitaient moyennant place et argent. (Voy. entre autre *Mémoires sur la Ligue*, à Noyon, édition de 1868).

[3] La nouvelle parvint à Amiens le 30 mai.

confiée à MM. d'Ailly, vidame d'Amiens, et Jean de Saisseval, Sr de Molin, habitant Pissy, d'escorter avec leurs troupes les marchands et négociants qui voyageaient pour leur commerce, et de faire la chasse aux maraudeurs.

Ces bataillons ruraux, qui rendaient tant de services, étaient pourtant fort mal payés ; on ne parvint à acquitter leur solde arriérée pendant six mois, que lorsque la ville eut pu se procurer des fonds, au moyen de constitutions de rentes, en octobre 1589 [1].

Les autres capitaines qui guerroyaient pour la Ligue et occupaient les places fortes étaient fort nombreux. On voit souvent, entre autres noms, ceux de : Bovelles, de Boviller, Belleforière, Benreglise (lieutenant du duc d'Aumale), Choqueuse, de l'Espinois, de Forceville, de Lagarde, Clairy, Lacour, Lefort, Guillaume Le Scellier, d'Orviller, d'Aubercourt, de Pissy, de Rambures, Guion, Maigneux, Gambart.

Nous ne passerons pas sous silence une particularité de ce temps, curieuse à étudier, sous plus d'un rapport.

La place du Crotoy était tenue par une femme

---

[1] Ce fut sans doute le défaut de paie qui amena quelques désordres momentanés dans cette troupe, qui se livra à divers excès et déprédations. Il y fut promptement remédié, et un règlement particulier fut mis en vigueur à la fin de mai 1570. Les vivres à prendre chez l'habitant étaient taxés, le respect des propriétés était recommandé, et toutes violences sur les femmes sévèrement punies.

énergique. Mme de Belloy, qui commandait, en l'absence de son mari, avec l'aide d'un sien cousin, le Sr de Canteleu. Cette fière commandante refusait, en janvier 1589, de recevoir le capitaine Damerval et ses soldats, qui étaient envoyés pour lui prêter main-forte au besoin ; elle pensait qu'avec son aide-de-camp elle pouvait suffire à tout. « Vous connaissez, disait-elle, au Corps-de-Ville d'Abbeville, mon cousin Canteleu, il est de la *patrie*, c'est-à-dire du pays, il est bon catholique et ne manquera pas de fidélité, étant homme de bien et d'honneur. »

Un arrangement fut fait, en conséquence, et Mme de Belloy stipula en son nom pour le château et pour la ville du Crotoy. Elle accepta une seconde garnison et demeura soumise à l'Union avec Abbeville et Amiens [1].

Au milieu de tant de tracas, l'Echevinage n'oubliait pas, cependant, la règlementation de certains usages consacrés par le temps, et qu'il ne voulait pas, malgré leur importance quelquefois très secondaire, laisser tomber en désuétude. En voici un exemple :

Le 14 septembre 1589, il fut question à l'Hôtel-de-Ville de l'usage qui obligeait M. le Prévost de présenter, au nom du roi, un cierge à l'Eglise, le jour de la fête de S. Firmin le Martyr, et comme alors toutes choses se faisaient sous le nom du duc de Mayenne, lieutenant général de l'Etat et couronne de France, il

---

[1] Voyez *La Ligue à Abbeville*, déjà citée.

était nécessaire de savoir sous quel nom ce cierge serait présenté. Il fut alors décidé « qu'il seroit envoyé homme exprès par devers M. le Procureur général du roy à Paris, pour avoir sur ce son adviz, et néanlmoins au cas ou le messager ne soit de retour aud. jour (25 septembre) a esté ordonné que led. cierge sera pnté par M. le Prévost royal au nom de la couronne de France. »

On voit, par les registres de la ville, que la justice criminelle suivait son cours habituel ; l'échevinage accorda alors plusieurs commutations de peines, qui ne semblaient pas être dans ses attributions, et qui auraient peut-être été contestées en d'autres temps. C'est ainsi que les magistrats municipaux rendaient, le 3 décembre 1592, une curieuse délibération.

« Le procureur fiscal de la ville expose qu'il a esté adverty que M. Quentin Quesnel, président en l'eslection, faict faire des monitions aux paroisses pour avoir révélation du tort qu'il dict lui avoir esté faict lorsqu'il fust *foetté et eut la barbe couppée* (1), pour avoir esté trouvé en flagrant délit d'adultère avec sa servante, nouvellement mariée, faict qui tournera toujours à sa honte et confusion, congneu à ung chacun, desquelles monitions plusieurs gens de biens se trouvent scandalisez... a esté ordonné aud. procu-

(1) Ce genre de punition sommaire et extra judiciaire était-il habituel à Amiens, en pareil cas ? Les héros de ces aventures n'allaient pas toujours le publier au prône.

reur fiscal de se transporter par devers M. l'Official d'Amyens pour luy remonstrer le scandale quy arrive, et le prier de deffendre de continuer lesd. monitions, et où il voudroit continuer led. procureur fiscal formera opposition, et sy besoing est en appellera comme d'abus. »

Cette cause légère a dû faire un peu diversion à la tristesse du temps. Quentin Quesnel avait été membre de la chambre des Etats de Picardie, et sa plaisante mésaventure, plus que ses fonctions, lui a valu un moment de célébrité.

Si la justice ne chômait pas, le commerce, l'industrie, le travail des ouvriers, étaient singulièrement en souffrance, et les mesures que l'on prit pour y rémédier ne pouvaient avoir que de bien médiocres résultats dans un pareil moment, vu les difficultés des communications et le manque d'argent. La caisse municipale était tellement épuisée qu'il fallait lésiner sur tout : c'est ainsi qu'à grand peine on accorda aux vingt-quatre sergents du guet de nuit, une légère augmentation de salaire; ce qu'ils gagnaient suffisait à peine, disaient-ils, pour *payer leurs souliers*. On leur accorda 2 *solz par jour pendant les* 4 *mois d'hiver, et* 20 *deniers en été.* (Ech. du 7 *février* 1591).

Déjà précédemment, par mesure d'économie, il avait été décidé que « les 4 tambourins et les 4 fiffres entretenus aux dépens de la ville, et qui ne coûtaient pas moins de 400 livres par an, seroient remplacés par 4 tambourins seulement, ausquels pour tout paiement seroit baillé salaire d'un soldat, à raison de deux sols six deniers chascun. »

Et, le 7 février 1592, on supprimait le festin que M^rs faisaient habituellement le jour des cendres, ce qui était une économie d'une certaine importance, M^rs les maire et échevins ayant pour habitude de se bien traiter.

Les affaires de la Ligue allaient de mal en pis, et à mesure que les craintes augmentaient, les saisies, les confiscations, les réquisitions, les impôts forcés redoublaient; ils frappaient de préférence les suspects ou prétendus tels, mais les Ligueurs eux-mêmes n'étaient pas exempts de certaines taxes; toutes les bourses particulières étaient épuisées, toutes les caisses publiques étaient à sec. On en arrivait à emprisonner, à exiler les suspects, pour avoir occasion d'en exiger des amendes ou des rançons. C'était une sorte de terreur, et une véritable ruine. Les femmes de ceux qui portaient les armes contre les Ligueurs furent chassées d'Amiens. Les habitants furent contraints de travailler aux fortifications; le roi de Navarre était alors aux portes d'Amiens.

Le duc d'Aumale, venu auparavant à l'échevinage pour conférer, déplorait déjà les conséquences des échecs de la Ligue, et l'Evêque de la Martonie, déclarait dès le 13 avril 1590 :

« Qu'il voyait les affaires en tel estat qu'il n'y avait que deux voyes, l'une de prester la bienvenue au roy de Navarre, et l'autre de se mettre en la protection de quelque grand prince estranger, qui nous porra mainctenir. »

Il était, en effet, facile de voir que la Ligue était bien malade ; cependant on prit encore le parti de la résistance. La panique devint telle que l'on finit par interdire aux habitants de se réunir dans les rues ou sur les places, au nombre de plus de trois personnes, *sous peine de la vie*. On fit des visites domiciliaires très nombreuses. Le Corps de ville fit publier à son de trompe et afficher dans les carrefours une *défense de parler en faveur du roi de Navarre, sous peine de la vie*. Plusieurs prédicateurs redoublaient de zèle et de violences ; ils signalaient en chaire l'existence d'un parti considérable, qui s'était formé dans la ville en faveur d'Henri IV (1), disant qu'il la fallait détruire. Le 23 mars 1594, Henri faisait faire des propositions de soumission, mais les Amiénois, poussés par Mayenne, déclarent encore *qu'ils défendront l'Union jusqu'au dernier soupir*. On disait, que Mayenne voulait faire garder Amiens par une garnison Espagnole ;

---

(1) Les *Politicques*, ou partisans du roi de Navarre à Amiens, commençaient à concevoir secrètement beaucoup d'espoir, tandis que deux ou trois ans auparavant aucun n'osait se démasquer. Déjà, à plusieurs reprises, l'existence de ce parti avait été signalée par les prédicateurs et dénoncé par quelques personnes; précédemment, des habitants accusés peut-être injustement, firent entendre à l'échevinage leurs protestations. « Les habitans de la rue des Vergeaux remonstrent que Paillart, sergent roail leur a porté tel scandale qu'il a dict à plusieurs personnes que en la dite rue des Vergeaux demeuroient tous *politicques* et gens qui ne valoient rien, et requièrent réparation de telle injure. »
(Echev. du 24 juillet 1589.)

celui-ci s'en défend, et répond que ce bruit est répandu par les ennemis de la cause. Il fallait calmer le peuple qui avait crié : *point d'Espagnols*, et qui se montrait partisan du roi de Navarre.

Enfin le 2 août, Mayenne fut obligé de quitter Amiens et, dans la nuit du 7 au 8, à la suite d'une violente émeute que ne put réprimer le duc d'Aumale, la cause du roi de Navarre triompha dans la cité Picarde. Le maieur, Antoine de Berny, et les échevins abandonnèrent l'écharpe verte de l'Union, et prirent l'écharpe blanche, en jurant fidélité au nouveau souverain [1], qui fit son entrée solennelle à Amiens, le 18 août [2]. Les articles de la réduction avaient été signés le 9. L'Évêque d'Amiens ne fut pas le dernier à se rallier à Henri IV, converti depuis le 25 juillet 1593, et sacré à Chartres le 27 février 1594; quant à M. Rose, doyen du chapitre, il devint, *in tempore opportuno*,

[1] Exemple suivi par beaucoup d'autres, comme on peut le voir dans une curieuse et intéressante délibération du 9 août 1594. Cet acte de soumission n'a pas empêché que, le 9 avril 1595 Henri IV ne fît expulser d'Amiens Antoine de Berny, François Castelet, François Gauguier, ancien maieur Sr de Campreux, réélus prévôt des maréchaux, encore bien que l'échevinage se fût porté garants pour eux, ces citoyens avaient été dénoncés comme ayant mal parlé du roi. Les échevins affirmaient que ces anciens Ligueurs n'avoient fait aucune chose au préjudice de S. M. depuis la réduction de la ville. La vérité est pourtant que plusieurs des expulsés tenaient pour le parti Espagnol, qui n'avait pas cessé d'exister dans Amiens, car plusieurs d'entre eux furent compris avec Charles Gorguette, Claude Pécoul, avocat, bailli de la baronnie de Boves, Delattre, conseiller dans la municipalité qui fut élue après la prise d'Amiens, en 1597 et qui prêta serment au roi d'Espagne, Philippe II.

[2] Le cérémonial à observer pour cette entrée fut réglé dans l'échevinage du 12 août, où il est question d'un petit incident que nous allons rapporter :

« A esté ordonné que sire Augustin de Maroeul, antien maieur et aumônier du roi. Un jour, même, il vint se plaindre en l'échevinage d'Amiens des mauvaises paroles prononcées en chaire, contre ce monarque, par un prédicateur.

La chaire fut interdite à ce Cordelier, demeuré fidèle à son parti vaincu, mais qui, pour le moment, était un séditieux. Il n'était pas le seul qui ne se fût pas rallié comme M. Rose sut le faire [1]. Tous les auteurs signalent certaines violences de langage dans la chaire. Ce n'est donc point sans preuves que M' de Longueville a pu dire que « les prédicateurs de la Ligue preschaient guerre, sang et vengeance et discouraient des affaires d'Estat, tandis que ceux du parti du roi de Navarre preschaient pour la conversion de ce prince et pour la paix. « (*Échevinage de* 1592). Mais pour être impartial, il aurait fallu ajouter que la prédication exaltée des Ligueurs était une

---

conseiller au bailliage d'Amyens ira et marchera à ladite entrée (de Henri IV) avec M^{rs} les antiens maieurs, et non avec M. le Bailly d'Amyens ou son lieutenant, autrement qu'il ne lui sera baillé aucun damas pour faire une robbe, et s'il promet le faire et qu'il ne le face point, il sera contre luy répété la valleur dudit damas. »

N'y a-t-il pas là une pointe de jalousie contre le bailliage et un soupçon injurieux à l'adresse de Mareuil ?

(1) Dès le 16 décembre 1593, Mr Rose fut considéré comme suspec d'appartenir au parti du roi de Navarre, d'après quelques unes de ses lettres, qui avaient été interceptées ; il fnt mandé à ce sujet à l'Hôtel de ville, et il ne put sans doute se justifier, car on le pria de quitter Amiens, mais il ne put le faire étant malade, en sorte que, le 5 avril 1594, on décida qu'il serait gardé à vue. Il ne devait pas tarder comme nous venons de le dire à avoir lui même l'œil sur ceux qui avaient voulu l'expulser, ou qui parlaient mal du roi, auquel il s'était soumis.

exception, tout aussi bien que la modération absolue de ceux qui prêchaient contre la Ligue, car parmi ces derniers il y avait aussi des fanatiques.

Mayenne, après être sorti d'Amiens, continua encore la lutte contre Henri IV, jusqu'en 1596, époque à laquelle il traita avec le roi, à des conditions avantageuses.

Le duc d'Aumale ne voulut se rallier à aucun prix, et se réfugia à Bruxelles [1], suivi par plusieurs Amiénois, qui partageaient ses sentiments pour le parti Espagnol. C'est là que fut ourdie la conspiration qui devait plus tard, en 1597, réussir à s'emparer d'Amiens. On avait eu révélation de cette conspiration, dès le commencement de février 1595, par un des pages du duc d'Aumale, mais on n'en tint pas suffisamment compte.

Plusieurs autres serviteurs ci-devant dévoués à la Ligue, soit dans l'échevinage, soit dans la Chambre des Etats de Picardie, furent alors annoblis, pourvus de places et de faveurs. Les railleries ne leur furent pas épargnées; c'était bien le cas, en effet, de rappeler le mot toujours vrai : *quantum mutatus ab illo.*

Pagès raconte, non sans malice, après avoir cité les noms de ces nouveaux nobles, l'anecdote qui suit : Autrefois, lorsqu'un secrétaire du roi venait à

---

(1) La belle terre de Boves, qui appartenait au duc d'Aumale fut confisquée et vendue par décret en 1606, à la suite de la condamnation de son propriétaire comme coupable de lès-majesté : son beau château d'Anet fut rasé, c'était une dure représaille de tant de *rasements* qu'il avait ordonnés en Picardie.

mourir dans sa charge, il transmettait à ses descendants ses droits à la noblesse, ce qui n'était pas ignoré en Gascogne, en sorte qu'un jour un noble des bords de la Garonne, disputant avec un de ses amis, fils d'un secrétaire du roi, sur leur noblesse respective, le premier n'ayant sans doute pas de titres anciens à montrer, dit au second, qui demandait à les voir : « Vous en parlez à votre aise, votre » père est mort, et votre premier titre est son billet » d'enterrement. »

Pagès, qui était sans doute sans prétention aux distinctions, en parle aussi à son aise. Le chroniqueur amiénois a voulu chercher son modèle en Gascogne, sans doute parce qu'il était alors de mode, et il en reste quelque chose aujourd'hui, d'emprunter beaucoup aux riches bords de la Garonne, mais il aurait pu, à coup sûr, le choisir ailleurs et le trouver un peu partout, surtout lorsqu'il s'agit de vanité honorifique.

Voici les noms de ceux qui furent anoblis par Henri IV, le 8 octobre 1594 :

Nicolas DE LAON, trésorier de France ;

Henri PINGRÉ, s^r du Chaussoy, trésorier ;

Nicolas DUBAS, s^r de Hurt et Drancourt, trésorier ;

Michel DE SUIN, secrétaire de la Chambre, que l'on disait aussi greffier des *généraux des aides* ;

Antoine SCOURION, s^r de Bégeaudel, procureur du roi ;

Adrien DE MAREUIL, s^r de la Ferrière, conseiller au siège présidial ;

Pierre DE FAMECHON, avocat ;
Antoine LE BEL, receveur général des Finances ;
Jean D'AGUESSEAU, aussi receveur général ;
Simon LEMATTRE, conseiller au siège présidial ;
DE COLLEMONT, s^r de Framerville ;
BELLI-FONTAINE ;
Villers DE ROUSSEVILLE ;
Robert CORREUR, bourgeois ;
Jean CORDELOIS, échevin ;
Antoine GOUGIER, s^r de Seux, échevin.
Jean POSTEL, échevin ;
Guy BAUDUIN, avocat au siège présidial ;
François LE BON, échevin ;
François D'AGUESSEAU, échevin ;
Philippe PATTE, receveur des décimes ;
Augustin DE LOUVENCOURT, échevin ;
Jean DE HERTE, s^r de la Montjoie, trésorier de France.

Cette faveur du roi ne fut, pour quelques-uns des susnommés qu'une confirmation de noblesse. Le maire d'Abbeville, ancien Ligueur, reçut une pension d'Henri IV. Les actes coupables de la Ligue avaient été couverts par une amnistie générale stipulée lors de la réduction d'Amiens. Les emprunts, rentes constituées, dettes de toutes sortes restaient à la charge du trésor. Les exilés pouvaient rentrer librement dans leur pays, sauf 6 échevins, qui purent aussi revenir plus tard; les portes des prisons avaient été ouvertes tant aux suspects qu'aux censiers, fermiers et autres détenus pour tailles, gabelles et autres impositions.

Ainsi finit, dit le P. Daire, le règne de la Ligue, qui fut celui du fanatisme, temps malheureux où l'on voyait :

> Bourgeois contre bourgeois, parens contre parens,
> Combattre fortement pour l'intérêt des grands.

Tel est le jugement calme et réfléchi d'un historien religieux ; il aurait pu ajouter que des violences furent commises de part et d'autre ; quel catholique, en effet, même convaincu de la provocation des adversaires, hésiterait à condamner les excès des Ligueurs? Actes inutiles à la sauvegarde de la religion, qui devait être le seul but de l'Union, si la politique et l'intérêt ne se fussent mêlés à la cause.

Une explosion de joie avait accueilli la fin de cette lutte regrettable, stérile, sanglante et couteuse (1). On festina à l'Hôtel-de-ville et ailleurs; on fit de

---

(1) Si les Ligueurs avaient englouti des sommes considérables dans leur entreprise, Henri IV n'en fut pas quitte non plus à bon marché : la conquête de la Picardie seulement lui avait coûté plus de 1,200,000 L. C'est donc avec raison qu'un jour écoutant un courtisan qui le félicitait d'avoir conquis son royaume, il repondit qu'il l'avait aussi *acheté*.

beaux projets pour l'avenir, en jetant un voile sur le passé, mais cette allégresse ne fut malheureusement que de courte durée. On sait par quelles horreurs la ville d'Amiens devait passer quelques années plus tard.

Jamais la Picardie ne fut plus troublée que pendant les événements dont il vient d'être question; pourtant s'il y eut alors beaucoup d'agitateurs, il s'est aussi rencontré un homme sage et prudent, qui s'exprimait ainsi au moment où la Ligue était vaincue :

« En exerçant la charge d'échevin (en 1593) il a reconnu infinies particularités très dangereuses qui seroient trop longues à réciter, il pria ses enfants se donner garde surtout d'aspirer jamais aux charges publiques et se contenter de négocier tout doulcement leurs petites affaires, sans chérir ni caresser l'ambition quelques offres qui leur soient présentées par les premiers et grands, ou bien par un publicq et communauté; se souvenir aussi qu'un poeuple est merveilleusement sujet à l'inconstance et variété lorsqu'il se voit affligé et privé de quelques vain espoir. Ils se sont trouvés en ladite année en très grand péril pour être forcés d'accomplir la volonté des premiers chefs du parti qui desiroient l'exécution de leurs desseins contraires à la volonté du poeuple, de sorte que, voguant parmi tant de divisions, ils ont fort souffert et enduré. »

C'est l'honorable amiénois, Jacques Cornet, qui tient ce rare et remarquable langage dans un *Journal* manuscrit que cite Augustin Thierry, (p. 1042-43 du tome II des *Documents inédits*)[1].

[1] Parmi ceux qui cherchaient un remède à la situation de la France à la fin de la Ligue, citons Jean de Mons, Sr d'Hédicourt, conseiller au bailliage et siége présidial d'Amiens, lequel publia *un écrit* en vers et en prose portant le titre suivant :

La Démonstration de la quatrième partie de rien et quelque chose, et tout avec la quintessence tirée du quart de rien et de ses dépendances, contenant les préceptes de la sainte magie et dévote invocation des démons, pour trouver l'origine des maux de la France et les remèdes d'iceux. Paris, E. Prévosteau, 1594, in-8.

Jean Demons avait un style bizarre et fort énigmatique, ainsi que j'ai eu l'occasion de le dire dans mes *Recherches sur l'Imprimerie*. C'est à la ville d'Amiens que ce livre est dédié, et c'est au roi que s'adresse la première partie de cette œuvre singulière, par une épître très pieuse. L'auteur dit avoir tiré « par l'alambic et au feu de sa bonne volonté cette quintessence contre les ulcères qu'a le royaume en plusieurs de ses parties nobles. » Après avoir raconté sa vision sur le triste état de la France, il contrefait le *magicien*, en annonçant le retour de la paix, et celui des *beaux jours des François*. Les marges de ce volume sont couvertes de passages latins, tirés de la Bible.

APPENDICE

A

Plaintes, doléances et supplications faites au Roy Charles IX par les habitants des villes de Picardie, et recueillies par Mr de Chaulnes, député a ce sujet. 1573-74.

On lit dans l'abrégé de l'histoire de France, par Hénault, que Charles IX avait chargé « secrètement » en 1574, André de Bourdeille, sénéchal de Périgord, de s'informer de l'état de la Province, et celui-ci ne craignit pas de répondre au duc d'Alençon, sans doute après enquête : « Si le roi, la reine et vous ne pourvoyez autrement que par le passé (aux troubles de l'État) je crains de vous voir aussi petits compagnons que moi. »

Ce n'est pas seulement pour le Périgord que Charles IX avait donné de semblables missions à des personnes de confiance, bien placées pour le renseigner, mais ce fut une mesure générale, et qui ne semble pas avoir eu partout le caractère secret dont parle le président Hénault. La mission donnée, en 1573, pour le pays de Picardie, à Mr de Chaulnes, conseiller du roi, en son conseil privé, (1) et au seigneur de Rubempré, fut suivie d'une enquête qui n'avait rien de mystérieux, mais simplement privée et dans laquelle nombre de personnes furent

---

(1) C'était sans doute Louis d'Ongnies, en faveur duquel la terre de Chaulnes fut érigée en comté, au mois de décembre 1563.

entendues en des réunions tenues à l'Hôtel-de-Ville d'Amiens.
Cette enquête a même eu un certain retentissement, car l'envoyé de Sa Majesté a trouvé les esprits mécontents, irrités, et voulant profiter de l'occasion pour formuler des plaintes et des vœux qu'ils croyaient légitimes. Les réponses envoyées au roi sur ces informations sont encore, en partie, inédites, et offrent un véritable intérêt historique.

Voici d'abord la teneur de la lettre adressée par le roi à Mⁱ de Chaulnes et communiquée par ce dernier à l'Échevinage d'Amiens, le 12 novembre 1573.

« Monsieur de Chaulne,

« Je voiz la corruption des mœurs s'accoître et augmenter tous les jours en mon royaume sans que les remedes que je m'efforce y applicquer par doulceur et severité puissent arrester le cours de ce mal, dont je porte un extrême regret, pour le desir que jay toujours eu de rendre mon règne heureulx et mes subjeciz, quy est la plus glorieuse mémoire que je puisse laisser à la postérité.

(En exprimant ces sentiments, ce prince pouvait-il faire oublier la St Barthélemy !)

« Je scay bien que les troubles et guerres civiles ont donné occasion à ce mal, mais il est aussi aizé à juger que les cœurs mal affectionnez nourrissent et entretiennent la division à quoy je désire pourveoir par tous les moiens que je polroy avant que le mal soit du tout incurable, et par ce que cestuy est intérieur et caché et que la plus souveraine recepte de le bien cognoistre et sonder, c'est d'observer diligemment les mœurs et comportemens de mes subjectz de chue de mes provinces, affin que je me rende plainement informé de ce que je devroy faire pour la conservaon des bons et remectre les aultres au chemin de leur debvoir, jay faict election de vous à ceste fin pour le pais de Picardye, aiant toujours eu telle confidence en vre vertu et l'affection que vous avez au bien de mon service et repoz de mon Estat que vous poulrez dignement vous acquitter de cest office et aurez tres agréable de vous y employer selon mon intention. Je vous prie donc ayant receu ceste lre de prendre l'occon de vous pourmener par icellui de ville en ville es lieux principaulx, et là vous instruire doulcement et le plus dextrement que vous poulrez des comportemens des ungs et des aultres. Premièrement des ecclésiastiques, quel debvoir ils rendent en leurs charges, s'ilz sont jouissans de ce qu'il leur appartient ou en trouble, comme se comportent ceulx de la noblesse, les querelles qu'ilz poeuvent estre entre aucuns deulz portant consequence, l'ordre quy est en ma justice, ceulx de mes officiers qui ont la réputaon de bien sacquiter de leurs charges, quelle inclinaon a le peuple et comme chun vit l'un avec l'autre, mesme pour les discutions quy ont esté pour le faict de la religion, en somme notter et observer tout ce que vous jugerez appartenir au bien du repoz public. Ce faict vous disposerez de me venir trouver à Compiègne le XX° jour de Décembre prochain, où je me delibere me rendre incontinent aprez mon voiage de Metz, affin de me dire particulierement ce que vous en aurez apris, et que vous aïant sur ce oy je puisse pourveoir a ce qui se trouvera nescessaire ainsi que je ay déliberé pour le bien et soulagement de mes subjectz, asseuré que je tiendray ce service pour l'un des plus grands et importans que je puisse recevoir de vous et que jen auroy si bonne memoire que vous n'aurez regret de vous y estre employé. Jescrye au seigneur de Rubempré de faire le semblable aud. pais de Picardye partant vous regarderez de vous départir ung endroit dud. pais pour cela et de luy laisser l'autre, affin de mieux esplucher et entendre toutes choses estans ainsy separez que si vous estiez conjoinctement. Priant Dieu vous avoir Monsieur de Chaulne, en sa saincte et digne garde.

Escript à laFere le XXV° jour d'octobre 1573. »
(Échevinage du 12 novembre 1573.)

« Et le Dimance Ve jour du mois de Décembre, suivant les convocations faites à tous les chefs de portes, M{res} et prince des compaignons privilegies grand nombre desd. chefs de portes y sont comparus jusques au nombre de six ou sept vingtz et à leur audience a este faicte lecture par n̄te greffier du cahier et extraits desd. plaintes et doléances ou a esté ajouté et dyminué par advis de l'assemblée ce qu'ilz ont trouvé bon et nécessaire pour le proufict de lad. ville et des habitans d'icelle, en sorte que suivant leur advis avons ordonné que lesd. articles seront presentez au Sr Comte de Chaulne pour ce faire rapport au roy en la forme et manière qui s'en suict.. »

I.

Plaintes et doléances des habitants de la Picardie.

« Les maieur, prevost et eschevins de la ville et cité d'Amiens, juges royaux ordinaires et politiques de lad. ville, ayant soubz la majesté du Roi la garde, force, gouvernement et superintendance d'icelle, pour satisffaire au bon vouloir et intention du roy à eulx communiqué et donné à entendre par Monsgr le comte de Chaulne, cher de l'ordre, conseiller du roy en son conseil privé, cappitaine de 50 hommes d'armes de ses ordonnances, depputé par led. sgr pour oyr les plaintes de ses subjectz en ce pais de Picardie, pour en faire rapport à Sa Majesté, après avoir de ce faict conféré en assemblée par eulx faicte en l'auditoire du Bailliage d'Amiens avec les habitans, chefz de portes, et les M̄es et princes de compaignies privilegiez tant du roi que de la ville et receu d'aucuns deulx tant verbalement que par escript leurs plaintes et doléances comme representans les corps et communaultés de lad. ville, louent et remercient Dieu de ce qu'il lui a pleu inspirer n̄re roy de voulloir oyr. et entendre les plainctes de ses subjectz tout oppressez et affligez des dernières divisions et du désir qu'il a de faire regner la justice et pieté à la conservation des bons et remectre les aultres en chemin de leur debvoir pour le repos public et le soulagemen desd. subjectz.

Supplient Sa Majesté :

En ce qui concerne l'Estat ecclésiastique, vouloir faire garder et observer tous les saincts decrets et conciles généraux spécialement le dernier concile de Trente, afin de remectre l'Église en son premier estat et de copper chemin à l'heresie et à une infinité de maux et scandalles que l'on voit chun jour pulluler faute de l'observōn desd. decretz et conciles.

Et combien qu'il ne soit besoing en faire declaraōn par le menu, ilz en ont bien icy voulu toucher aucuns des poinctz principaux.

En premier lieu, que les bénéffices soint tenus par gens cappables et y doines en mœurs et *literature*.

Que la pluralité des bénéfices soient osté et la facilité de dispences particulieres, en quoy faisant se trouvera grand nombre de gens d'église pourveux desd. bénéfices et se y aura plusieurs joeunes escoliers qui desireront parvenir à lad. dignité et prestrises pour lesperance qu'iz auront d'obtenir aucuns desd. bénéfices, a quoy est grand besoing pourveoir, aultrement il ne se trouvera plus de gens d'église pour administrer les saincts sacremts par les bonnes villes et moins encore par les villaiges, où ne sen trouve quasi plus, et touteffois seroit besoing de y en avoir ung bon nombre tant pour l'administration des sacrements que pour instruire et apprendre à lire et escripre par les villaiges la jeunesse qui *vit comme bestes faultre d'estre enseignée*. (1)

---

(1) Ici l'enquête de Mr de Chaulne nous révèle une bien triste situation scolaire, qui prouve que les conciles et les instructions épiscopales n'étaient pas exécutés par ceux qui étaient chargés d'enseigner, qui d'ailleurs fesaient

Que l'union des bénéfices ne se fasce plus et que celles qui ont été faictes soient revoquez, signanment celle de l'abbaye St Martin uux Jumeaux en la ville d'Amiens, naguère réunie à l'evesché d'icelle, au grand interest du publicq et des pauvres qui en recevaient, avant lad. réunion, trois fois l'aumosne la sepmaine, ce qui sest faict aucunement depuis lad. réunion.

Que le bénéfice régulier soit tenu par le régulier et le séculier par le séculier.

Que chaun réside sur son bénéfice et qu'il recoive par ses mains le revenu pour continuer les aumosnes acoustumees, sans pouvoir bailler les terres à fermes à l'argent à aucuns marchans q s'en enrichissent induement.

Que l'election pour le faict desd. bénéfices soit gardée et observée suivant l'édict des Estatz tenuz à Orléans.

Que les collaons desd. bénéfices soient donnez et conferez par les collateurs ordinaires, demeurant néaulmoins l'autorité du roy. De trois quy seroient eleuz en presenter ung.

Que les saincts sacremens soient administrez gratis par les curez ou les vicaires, et que les curez et les vicaires des villes soient graduez.

Que és unze personnes de la ville d'Amiens y soit mis huille sacrée pour administrer extrême onction aux malades de la paroisse par les curez d'icelle ou leurs vicaires, au lieu qu'il n'en y a que en trois des paroisses de la ville.

Que en chune desd. paroisses les manegliers puissent faire

---

défaut, ou étaient insuffisants. Ce document est précieux pour l'histoire de l'instruction publique au XVIe siècle.

On verra plus loin une autre partie des doléances relative à l'enseignement gratuit.

Tandis que les instituteurs catholiques manquaient ainsi, les maîtres d'écoles protestants pourvoyaient assez facilement à l'éducation des enfants de la *nouvelle religion*, à Amiens, pendant que le protestantisme y était toléré, et presque dominant dans les hautes classes; mais ces maîtres furent interdits par l'Echevinage. (*Reg. O, f° 587.*)

faire et avoir ung drap pour mectre sur les corps mortz des paroissiens tant pauvres que riches à leur enterrement sans en paier aucune chose à la fabricque, ne estre astrainctz comme l'on a esté jusques à present de prendre le drap du chef Sainct Sainct Jehan, à cause duquel se paient de grans deniers et retiennent les torches et lumynaires portés au convoy des deffunctz.

Que ung tiers du revenu des abbaies et prieurez soit emploié moictié à la réparaon et entretenement des églises, bâtimens et ediffices desd. abbaies, meubles et materiel d'icelle, et l'autre moictié aux pauvres, et quant le procureur du roy aura faict saisir le revenu d'aucunes abbaies mal entretenues que aucun renvoy ne s'en puist faire par devant messieurs des requestes ny ailleurs, soubs coulleur de quoy demeurent lesd. abbayes en ruyne et les pauvres frustez des aumosnes.

Item, en plusieurs églises cathedralles et collegiales les chanoines ayant plusieurs statutz et loix abusives, qu'ilz ont faict par entre eulx pour gaigner les fruitz desd. prébendes pour labroguaon desquelles semble que les fruitz desd. prébendes doivent estre departiz par chun jour à l'heure de service de l'eglise egallement et que cestuy qui sera absent et qui ne sera tout le long du service perdera lesmolument de lad[e]. heure, excepté seulement le malade et lequel esmolument revenant bon ne accroistera aux autres, mais à la bourse des pauvres des villes ou seront les églises.

Qu'il y ait deux prébendes théologales en chune eglise cathédrale pour pouvoir prescher et adnoncer la parolle de Dieu et faire les leçons ordinaires a ce que ils puissent soulager l'un l'autre en cas de maladye ou empeschement.

Que suivant l'ecdit d'Orléans le revenu d'une prébende de l'église cathédrale d'Amiens tant en gros que en distributions manuelles sera emploié pour la nourriture et entretenement de 3 ou 4 précepteurs, qui *instruiront la joeunesse gratis et sans sallaire* et ce au *collège de Saint-Nicolas*, nommé ordinairement la *grande escolle*, qui est basty et ediffiée il y a longtemps, sans estre abstrainctz d'en battir ung, qui seroit chose de grand fraitz à la ville et sans nécessité pour ce que led. collége Sainct-Nicolas est grand, spacieux et suffizant et lequel demeureroit inutille si on en batissoit ung nouveau.

Que le revenu de lad° prébende avec de tout l'autre revenu antien dud. collége soit rendu-compte chun an par celluy qui y sera commis la première sepmaine de caresme, en la présence de Mons.r l'Evesque d'Amiens ou son vicaire, des depputez du chappitre, des depputez du Corps de ville, le procureur du roy présent ou appellé (1).

Que en chune abbaye et prieuré conventuel y ait un religieux bachelier en théologie pour le moings qui annoncera la parolle de Dieu les festes et dimanches, ou seront tenuz assister les relligieux residans, mesme que chune personne ecclesiastique pourveue de abbaie ou prieuré couventuel soit tenu entretenir à ses despens deux relligieux pour le moins aux estudes à Paris ou autre université fameuse jusques à leur faire acquerir degretz.

Que en chue desd. abbaies et prieuré conventuelz et religieux des mendians y ait un religieux qui enseignera ordinairement les moines tant le service que la grammaire (2) que les festes et sainctz dimanches soient solempnisez, avec deffences à toutes personnes de charrier ny faire œuvres manuelles lesd. jours.

Que les hospitaux et signanment l'hostel Dieu de lad. ville

---

(1) On voit combien les habitants de la Picardie entendus dans l'enquête se préocuppaient, alors, de la réorganisation de l'instruction publique, si négligée, comme on l'a vu plus haut. Le vœu pour l'instruction gratuite est aussi digne de la remarque. Alors, aussi, l'élément laïque était réclamé pour surveiller la gestion des finances du collège.

(2) On voulait que l'instruction fut plus répandue qu'elle ne l'était dans les couvents, où elle faisait souvent défaut, faute d'hommes capables pour enseigner.

d'Amiens soient régis et administrez par quatre bourgeois ad instar de la ville de Paris, affin que les pauvres y soient mieulx receus, pensez et traictez qu'ilz n'ont esté par le passé et dont infinies plaintes ont esté faictes à la justice.

Que les gens d'Eglise ne puissent plus recevoir ne acquerir et qu'il soit permis au procureur du roy et à tous S^rs de leur en faire wider leurs mains (1).

Touchant l'État de la Noblesse.

Supplient le roy les voulloir conserver en leurs droictz, fonctions et exemptions privilèges et préeminences, ad ce qu'ils aient meilleur moyen de continuer le service qu'ilz doivent à sa majesté.

Leur faire deffence de user d'aucune oppression allencontre de leurs subjectz voisins ou aultres habitans de villes ou du plat pais, ny sur eulz usurper leurs héritaiges terres seigneuryes et bien, empescher les fermiers en leur labour et récolte par force, exces, menasses ou aultres voies illicites, ny receler en leurs maisons les delinquans, ainsi que plusieurs font chūn jour impunément.

Se plaindent grandement de ce que les gens de guerre tuent, pillent, battent presnent les chevaux desrobbent et excedent les paisans, forcent leurs femmes et filles, dont advient que plusieurs fermiers quittent leurs fermes estans ruynez et demeurent les terres en friche et le pais destruit et dont on ne poeut avoir la raison (2).

Pour obvier à la multiplicité des cappitaines et aux grandes despences supplient le roy vouloir ordonner que toutes com-

(1) Voilà une doléance qui était d'une grande hardiesse.
(2) Il s'agissait surtout sans doute des troupes étrangères, telles que les Allemands, Suisses et autres, au service de la France pendant les guerres de religion, et qui étaient indisciplinées.

pagnies de gens de pied seront reduites à 500 hommes du moins.

Que lecdit soit gardé en ce que les chemins soient reparez aux despens des seigneurs qui ont droict de péaiges et de travers.

Quant a la justice,

Qu'il plaise au roy, suivant son Edict d'Orléans reduire, le nombre des officiers de judicature et de finances de tel et pareil nombre qu'il estoit du temps du roy Louis XII et que ceulx quy y seront esleuz seront prins du nombre des plus aagez, capables et suffizans tant en mœurs qu'en literature, ayant postullé pour le moins lespace de 10 ans.

Que en ung même siège ne seront admis en estant de judicature père et filz, deux frères, oncles et nepveu et pour ce que aucuns ont esté pourveuz desd. estatz depuis lecdict d'Orléans soient desmis et en soit mis d'autres en leurs places, par Election come dessus, nonobstant toutes dispenses au contraire, mesmes que lesd. estatz ne soient admis gens qui soient ou ayent esté suspectez d'heresie, et que sy aucuns y sont, quilz soient tenus eulz en desmettre en dedans certain temps.

Que tous juges garderont les ecdictz quy leur defend de prendre espices, sinon pour le rapporteur, et qu'ils ne tiendront aucunes pensions des communaultez et subjectz, et responsables par devers eulz.

Que les avocat et procureur du roy ne prenne aucune chose des parties, ains se contentent des gaiges et pensions à eulz ordonnez, ensemble quilz et chun deulx ne puissent aucunement postuler pour leur parties.

Que l'ecdict d'Orléans portant que en matières personnelles soient oyes par leurs bouches soit gardé et observé avec toute rigueur.

Que toutes personnes ne puissent doresnavant tenir que ung offfice roail et quilz soient tenus rendre sur les lieux pour exercer en personnes lesd. offices, sans les pouvoir bailler à ferme.

Parce que par la coustume generalle du bailliage d'Amiens tous fiefz, tenus en 60 solz parisis de relief, ont toute justice haulte moienne et basse, de quelque petite valleur qu'ilz soient esquelz neanlmoins ny a exercice ordinaire de justice et juridiction, ne conseil, et neanlmoins quant les parties sont adjournées par devant les juges roiaux et que l'une dicelles veult ouyr il suscite le procureur pour office du Sgr. propriétaire dud. fief à en demander le renvoy, qui est une grande faulte pour le poeuple et retardement de leurs droicts. Joinct qu'il ny trouve conseil pour le servir, et que les juges ne scavent ordinairement lire ne escripre (1). Pourtant s'il plaisoit au roy abolir toutes justices subalternes desd. Sgrs patrimoniaulx saouf et reservé des baronnies, chastellenies, communaultez des villes et autres jurisdictions exercées en icelle, où les parties poeuvent recouvrer de conseil semble que ce seroit le proufict et soulagement du poeuple, pour le moins, la ou ils seront adjournez pardevant les juges royaux qu'il n'y ait aucun renvoy nonobstant la coustume, lesd. Sgrs. néanlmoings pourront demander leurs amendes coustumières pardevent lesd. juges roiaulz que le roy leur poulra réserver.

Qu'il plaise au roy que telles petites justices demeure, qu'il soit enjoinct à tels Srs. patrimoniaux et aussi à tous barons, chastelains, et aultres, de comectre à l'exercice dicelle sur les lieux, gens de biens, scavans et experimentez, qui seront tenuz presenter au juge provincial ou autre juge roail ordinaire, pour en prendre le serment, sans que lesd. Srs. les puissent demectre par après sans offance et faulte notable congneue ou prouvée

---

(1) De nombreuses plaintes avaient déjà été faites à ce sujet et relativement aux abus des justices seigneuriales.

en justice, ad ce que la crainte d'estre desmis ne les distraie de faire bonne justice entre les seigneurs et les subjectz, que tous Srs. soient tenus davoir bonne et forte prison, ou les cryminelz puissent estre détenuz en bonne et seure garde.

Pour ce que celly qui a esté pourveu en titre d'office de *garde du scel de la Baillie d'Amiens, est homme ignare*, qui ne scait que cest quy scelle, mesme que il laisse le sceau ès mains de sa femme pour exercer son office et que souvent il scelle comissions incivilles, supplient sa majesté qu'il luy playse remectre l'estat de garde scel és mains des jûges pour vecoir ce qu'il sera scellé et en user comme il se faisoit auparavant lélection des nouveaux offices desd. gardes des sceaux.

Se plaindent grandement les habitans dud. Amiens de ce que le siège du bailliage a prins la cognoissance des causes civiles des habitans de lad. ville, dont cognoissoit en première instance les maieur, prevost et eschevins qui sont haultz justiciers, ayant corps et communaulte, et ce soulz pretexte de l'ecdict de Moulins, lequel n'en exclud lesd. haultz justiciers ayant corps et communaulté, et auxquelz au contraire led. ecdict a attribué la cognoissance desd. causes civiles pardevant lesquels maieur, prevost et eschevins lesd. habitans avaient justice prompte et à toute heure et à beaucoup moindre fraiz que ilz nont aud. Bailliage, et ou lesd. causes sont jugées en prime instance par jugement souverain, sans aucun degretz de juridiction contre la voluncté du roy et à la grande foulle du poeuple. Supplient partant Sa Majesté voulloir rendre auxd. maieur prévost et eschevins lad. justice civile, pour icelle exercer comme ilz faisaient paravant led. Ecdict de Moulins(1).

Et pour ce que le roy, par arrest de son conseil privé donné au pourchatz d'aucuns de la prétendue relligion reformée et durant les troubles, a ordonné que au corps de l'eschevinage dud. Amiens il n'y pourra estre admis que ung ou deux esche-

---

(1) On aimait avec raison la justice prompte et économique.

vins de robbe longue et de justice et que les eschevins n pourront estre continué plus de deux ans, ce quy s'est trouvé incommode et dommaigeable au publicq, supplient lesd. habitans qu'il plaise au roy qu'ilz demeurent en leur liberté de nommer pour eschevins telles personnes que bon leur semblera, gens de justice, bourgeois, marchans, ou autres, pourvu qu'ilz ne soient mécaniques, du moings jusques à 6 de longue robbe et de justice, attendu qu'il y a 24 eschevins aud. corps de ville et que ceulx qui seront plus nomez par les habitans y demeureront, encore qu'ilz aient esté aud. eschevinage les années précédentes et ce nonobstant ledit arresté.

Que des confiscations et amendes le procureur du roy n'ayt plus 12 deniers pour livre ny autres droictz, parceque cela a esté cause de grands maulx, et que souvent l'innocent est pugny et condempné (1).

Qu'il plaise au Roy faire garder les ecdictz des monnaies et grande despense en accoustremens et bancquetz de nopces ou autres, come de 30 ou 40 personnes, sans qu'il soit permis à aucuns le surpasser, en peine de paier cent escus à la bourse des pauvres.

Qu'il sera faict ung grand recoeul et seul cahier des Ecdictz et ordonnances que Sa Majesté voeult et entend estre gardés et observés et abroge tous les autres.

Qu'il soit enjoinct aux procureurs dud. Seigr. de faire leur debvoir, et que tous les dits Ecdictz sont contrevenuz par leur négligence ou commerce (connivence) qu'il luy plaise y donner quelque autre provision ou soulagement de ses subjectz.

Tous lesquelz articles ont esté extraicts par lesd. maieur, prevost et eschevins d'Amiens des plaintes et doléances proposées de bouche ou baillées par escript tant par les chefs de porte de lad. ville que par les M^{rs}. et princes des compagnies

---

(1) Les habitans avaient grandement raison de blâmer tous ces abus et d'en demander la réforme.

privilégiées, veu et receuz en la présence et audience de 6 ou 7 vingt dud. chefz de porte assemblez par ordonnance et par-devant lesd. maieur, prevost et eschevins en la salle dite la Malemaison, à lad. ville appartenant, lesquelz ont eu le contenu en iceulx pour agréable pour estre presenté à mond. sgr. le conte de Chaulne, le VIe jour de décembre mil V soixante treize. »

II.

Voyage en cour, a l'occasion des doléances qui précédent par Nicolas Crogquoison, ancien maieur et Nicolas Delessau, greffier.

Echevinage du 28 janvier 1574.

« Aud. Echevinage sire Nicolas Crocquoison, Sr. de Lacourt de Fieffes, ancien maieur et de present eschevin de lad. ville et Nicolas Delessau, greffier dicelle ont dict et rapporté que suivant l'ordonnance et délégation faicte par Mrs le jour de décembre dernier passé, ilz ont faict un voyage à Paris et à la court à Sainct Germain en Laye, pour les affaires de lad. ville.

Estans en court à St-Germain auraient pnté les missives et très humbles recommandons de mesd. Srs. à messeigrs, le duc d'Allençon, prince de Condé, gouverneur de ce pays, de Pienne, et conte de Chaulne et leur auraient particulièrement recommandé les affaires de lad. ville pour lesquelz ilz estoient envoyez, tous lesquelz ilz auroient trouvés bien affectionnez à la ville.

A leur arrivée, led. comte de Chaulne leur auroit dict qu'il avoit dict qu'il avoit baillé au Roy le cahier des plainctes doléances et supplications faictes à Sa Majesté par tous ceulx des villes de Picardye où il a été, signament celles de mesd.

Srs. et que le roy avoit le tout mis en son cabinet, et luy avoit promis luy en donner en bref audience (1).

C'est après, ayant salué et pñté les missives de Monsʳ de Crevecœur à Monsʳ de Morviller, auroient entendu de luy que le roy avoit baillé tous lesd. cahiers de la Picardye ès mains de Monsʳ de Limoges, conseiller du conseil privé, pour en faire son extraict et rapport à Sa Majesté, lorsque les princes et grands Seignrs. seroient assemblez, et sur ce qu'ilz diront entre autre chose aud. Sr. de Morviller que par lesd. doléances ilz requieroient que on contraingnoit les meuniers mouldre à l'argent, suivant l'Ecdit de la police, il leur dict que cest Ecdict n'avoist esté gardé, come les ecclesiastiques et la noblesse le empeschoient formellement, voullant joyr de leurs droictz en nature et trouvoit bon que la pollice contraingnit lesdits mousniers à recevoir par poix le bled, et rendre la farine par poix, et pugnir rigoureusement lesdits meusniers quy seraient trouvez en faulte.

Ayant faict diverses communications à mond. Sr. de Lymoges leur aurait dict qu'il avoit veu et faict extrait des doléances de mesd. Srs. come en icelles y avoit plusieurs particularités que le roy n'entendoit point wider, mais semblement les matières d'Estat, dont il estoit prest de faire son rapport quant il plairoit au roy donner audience aud. Sr. conte de Chaulnes et à luy. Ce qu'il se porroit faire lorsque les princes et grandz Seigrs. seroient tous assemblez et qu'ilz auroient donné ordre aux affaires d'Estat plus pressez. Ce quy prendroit ung bien long traict, comme il pouvoit juger par la disposition des affaires, donnant conseil auxdits depputez deulx retirer, sans attendre les résolutions sur lesd. plainctes, par ce que leur presence ny faisoient aucun besoing et que l'on feroit droit sur icelles sans les oyr davantaige. Que ce quy seroit résolu seroit

---

(1) On voit par ce qui précède, combien ces *doléances* peuvent offrir d'intérêt aujourd'hui.

escript et apostillé en marge de chun article, puis rendu aud. conte de Chaulne, pour les faire tenir par les villes où lesd. plainctes luy ont esté baillées, suivant la volonté du roy, et que en ce regard et en toutes autres choses led. Sr. de Lymoges feroit tous les bons offices et plaisirs à la ville qui seroient en sa puissance. »

III.

Ce fut du moins, comme on le voit, avec politesse que Mr de Limoges congédia les députés de l'échevinage d'Amiens, dont les prétentions réformatrices étaient, on peut le dire, hardies pour l'époque.

La maladie de Charles IX, puis sa mort arrivée le 30 mai 1574, empêcha sans doute que les doléances dont il vient d'être parlé aient reçu la solution promise par le conseiller du Roi. La régence qui fut instituée quelques heures avant la mort du souverain, en attendant le retour du roi de Pologne, Henri III, avait assez d'autres et pressantes besognes pour le moment.

Cependant, les Picards ne se tenaient pas pour battus, et on retrouve leurs plaintes en partie reproduites par leurs députés aux Etats de Blois, en 1576, comme on le voit notamment par les *Cahiers du Tiers-Etat*. On insistait de nouveau sur la réforme des abbayes et bénéfices; on demandait que nul ne put se dire écuyer, ni porter timbre et écussons en ses armoiries s'il n'était gentilhomme de deux races, « du costé paternel pour le moings ». Tous magiciens, sorciers judiciaires et diseurs de bonne aventure, seront, y est-il dit, « chassez hors du royaulme et puniz. »

La cahier général du Bailliage avait passé sous silence certains droits et privilèges particuliers concernant la ville d'Amiens et le Tiers-Etat; de plus, ce cahier n'avait été arrêté que par 16 ou 17 procureurs dud. bailliage, représentant seulement quelques particuliers, maires, échevins et lieutenants de bourgs et villages, qui n'avaient pas conféré avec les habitants, d'où il advint de graves protestations de la part de l'Echevinage d'Amiens. Ces magistrats, comme il est dit dans leur assemblée du 15 novembre 1576, dressèrent un cahier particulier de doléances, après avoir pris l'avis des chefs de porte, maîtres et princes des compagnies privilégiées, et ils chargèrent Michel Randon, échevin et le greffier Delesseau, par eux députés, de présenter aux Etats de Blois ce cahier « relatif au bien publicq et au soulagement du Tiers-Etat. » Les députés de la ville, protestèrent hautement contre la validité du mandat des députés du baillage : Jean Lequien, président au présidial et Jacques Picard, conseiller aud. siège, et ils demandèrent que du moins, certains articles furent rejetés de leur cahier. Les Etats de Blois decidèrent en principe que les députés particuliers des villes ne seraient pas admis dans l'assemblée et tint comme régulière, pour cette fois seulement, la commission des députés du bailliage, cependant elle décida que les articles proposés par l'échevinage d'Amiens seraient inscrits sur le cahier général du bailliage ; et ce après les démarches faites tant auprès du chancelier, que de MM. de Morvilliers, de Limoges, et le Prévost des marchands de Paris, chef du Tiers-Etat du royaume (4 décembre 1576). Par arrêté du Conseil privé du roi, il fut décidé qu'à l'avenir l'élection des députés du Tiers-Etat, se ferait par les prévotés du bailliage et que chaque prévoté compterait pour une voix seulement.

Avant de se retirer, les députés de la ville d'Amiens signèrent une requête au roi pour demander que le corps municipal soit maintenu en sa juridiction consulaire, menacée d'être supprimée parce que les députés aux Etats de Blois étaient « quasy tous de robbe longue (1). »

(1) La juridiction consulaire fut conservée, et réglementée par ordonnance du 3 janvier 1585, portant défense de se pourvoir par devant le Bailly.

De son côté, le roi ne voulait pas laisser partir les députés du Tiers-Etat de Picardie, sans les entretenir de la *Ligue* qui naissait alors et dont il entendait prendre la direction (1). Le 19 décembre les députés furent conduits dans le cabinet de S. M. par MM. de Rubempré, de Brosses et de Chiverny (2) et alors le roi leur dit :

« Je vous ay mandez et ay bien voulu parler à vous, vous cognoissans de mes plus fidelles subjectz, zellez et affectionez à la religion catholique et à mon service, pour vous prier de y voulloir continuer et vous faire entendre, que je desire qu'il n'y ait plus en mon royaume que la relligion catholicque et que tout ainsy que vous n'avez jamais eu que *ung Dieu et ung roi*, vous n'aiez plus qne *une loy et une foy*, je sçay que en ces Estatz non poinct entre vous mais en l'Isle de France et ailleurs, il y en a quy sont divisez en religion, je vous prie les anymer soubz main à ne poursuivre et prétendre que une religion selon mon intention. Il s'est passé en Picardie quelque négoce et associacon des gentilzhommes catholicques depuis peu de temps que vous croirez avoir esté faict pour mon service et vous prie de continuer en icelle de vous *unyr* tous et assister l'un l'autre en toutes choses, et croire que ce qu'ilz feront sera pour l'honneur de Dieu la conservaon de l'Eglise catholicque de mon estat et de mon sevice, selon que je me délibere, vous faire entendre plus amplement l'occasion se présentant. »

Les députés répondirent que :

« Ilz avoient très juste cause de louer et remercier Dieu de ce qu'il luy avoit plus mectre ceste bonne volunté à cœur du roy et que à jamais ilz prieraient Dieu continuer en Sa Majesté ceste saincte intention et lui donner les moiens de la

---

(1) Il s'agissait de la Ligue formée par M. d'Humières, et ensuite signée à Péronne le 13 février 1577.

(2) Philippe Hurault, seigneur de Chiverny, qui devint plus tard chancelier.

pouvoir effectuer, suppliant S. M. croire que en son royaume il n'avoit subjectz qui desirassent plus que eulx une seule religion ascavoir la catholicque appostolique et romayne, et que pour ce regard et le service de S. M. ilz n'avoient jamais espargné ny espargneroient leurs propres vies (1). »

Comme on le voit, nous voilà loin des plaintes et doléances réformatrices et libérales de 1573, qui animaient alors la Picardie, le vent de la *Ligue*, qui souffla avec tant de violence, avait bien éloigné toute idée de progrès.

B

REMONSTRANCES ET SUPPLICATIONS FAICTES PAR LES MAIEUR, PRÉPOST ESCHEVINS ET HABITANS D'AMIENS AU ROY HENRI III POUR SAVOIR SON BON VOULOIR ET INTENTIONS (AU SUJET DE LA LIGUE, 6 FÉVRIER 1577).

Au Roy,

Sire,

Les maieur, prevost, eschevins, manans et habitans d'Amyens vous remonstrent en toute humilité, que le seigneur de Humières, chevalier de votre ordre, cappitaine de 50 hommes d'armes et gouverneur de Péronne, Montdidier et Roye, leur ayant communiqué et laissé copie de certains articles d'association qu'il disoit luy avoir esté anvoiez par Votre Majesté, et requis les supplians de les vouloir jurer et signer, et auroient iceulx mis en délibération en assemblée des prin-

(1) Echevinage du 30 décembre 1576.

cipaux habitans, ou auroit esté résolu que copie d'iceulx articles seroit baillée aux chefz de porte pour en communiquer à leurs compaignons et sur ce, rendre et rapporter leurs adviz par escript, et n'estant ceste résolution encore effectuée, auroient reçu lettres patentes de vostre Majesté, du 24 janvyer dernier, par lesquelles l'on estre ordonné eulx enrooler et signer en lad. association. Tout ainsi que ceulx du clergé et de la noblesse de vostre païs de Picardie suivant les articles quy leur en seraient communiquez et exhibez par led. Sr de Humyères et satisfaire au contenu d'iceulx en tout ce quy seroit et deppenderoit des supplians, Et par cy après eulx y conduire selon quy leur seroit ordonné par vostre Majesté, ou ledit Sr. de Humyeres et aultres qui en polroient avoir charge particulière de vostre Majesté, n'entendant neantmoins aucunement desroger aux privilèges et franchises quy ont esté octroiez et accordez aux supplians par vostre Majesté esquelz elle voeult les maintenir et conserver, ce qu'ilz auroient de rechef mis en délibération en assemblée des principaulx habitants d'icelle, et ayant ce faict esté trouvé de très grande conséquence et aucuns des dits articles directement contraires et préjudiciables aux privilleges des supplians que leurs predecesseurs leur ont cherement acquis, avec effusion de leur sang et esquelz par ledites patentes vostre Majesté entend les maintenir et conserver, auroient advisé avoir recours à vostre Majesté et la supplier croire, comme ilz font, très humblement, qu'ilz ont toujours esté, sont et seront perpétuellement de la grace de Dieu, chrestiens, catholicques, de la religion chrestienne, catholicque, apostolicque et romaine, très humbles et obeissans et très fidelles subjectz et serviteurs de vostre Majesté, et que pour maintenir ces deux poinctz et conserver lad. ville d'Amyiens et tout le pays de Picardie soubz l'obéissance de vos prédécesseurs et de vostre Majesté, ils n'ont jamais espargné leurs biens ny leurs propres vies.

 Quand est de la religion catholicque apostolique et romayne, ils en ont faict tant de proeuves de tout temps, signaument depuis le commencement des troubles en ce royaume, qu'il n'est besoing le révocquer en doubte, ny en cela les arguer ne tenir pour suspectz, tesmoing en est la *prinse de St-Wallery,* où ilz envoièrent canons, pouldres, boulletz, et 400 harquebuziers, et une infinité d'autres actes, dont les lieutenans du roy et autres qui ont commandé au païs poeuvent parler.

Au regard de la fidélité et obéissance quilz doivent à vostre Majesté, nul n'en a jamais doubté s'il n'a esté ennemy de vérité, et se sont toujours montrez vrais enfans de leurs pères, lesquelz pour leur fidélité et pour avoir rendu à la couronne en l'an mil IIIIe LXX (1470) lad. ville d'Amyens, lors occuppée par le duc de Bourgogne, ont acquis aux supplians les beaux privileges, franchises et libertez confirmez par vostre Majesté, et dont ilz jouyssent présentement.

Les services continuelz qu'ilz ont faict depuis ce temps en ont aussy rendu grand tesmoingnage.

Oultre les bledz, farynes et autres vivres dont reste deus aux supplians du moingz 40 mil livres par vostre Majesté, ilz ont bien fourni du moings trois mil corseletz, 60 pièces d'artillerye de divers calibres et 200 harquebouzes à crocq quy ont esté perdues à diverses prises de Hesdin, Thérouenne, Chasteau le Conte, Renty, et autres camps, dont ilz n'ont jamais eu un seul denier de récompense, et n'ont jamais rien espargné de ce quy a cité en leur puissance pour la conservaon de la patrie ny mesmement de lad. ville d'Amyens, laquelle ilz ont toujours gardé sous vostre obéissance, avec tel soing et vigilance que le feu empereur *Charles-le-Quint,* après luy le Roy Philippe, ny depuis les rebelles à vostre Majesté, ny ont jamais sceu faire aucune entreprinse.

Partant, sire, sy c'est le bon plaisir de vostre Majesté de les tenir et reputer comme ilz sont de faict vraiz zélateurs de l'honneur de Dieu,... ilz supplient très humblement vostre

Majesté les *exempter de jurer et signer les articles de lad. association*.

Et sy est le plaisir de vostre majesté que tous vos subjectz catholicques entrent en lad. association, et qu'ilz jurent et signent semblables articles, ilz la supplient très humblement que ce soit par un Ecdict général deument vérifié, et que lesd. maieur, prevost et eschevins le *jurent de leur fait ès mains de sa Majesté*, ou son lieutenant général au pais de Picardye, et les autres habitans ès mains desd. maieur, prévost et eschevins, et *non ailleurs*, et qu'ilz ne puissent estre contrainctz à jurer et signer chose quelconque contraire et préjudiciable à leurs privileges, esquelz par lesd. patentes vostre Majesté voeult les conserver.

Et par ainsi que ès articles qu'ilz jureront et signeront n'y seront compris les 9°, 10, 11, 12, 13, 14, 16 et 17, desd. articles comme estans contraires et préjudiciables à leurs privileges, ou ne les touchans et concernant aucunement.

(Suit la déduction des motifs allégués à l'encontre des articles sus indiqués. On signale notamment la raison pour laquelle les habitans d'Amyens doivent être exemptés de levées de denier, et qui était que plus de 600 pauvres artisans sans travail étaient alors nourris par les habitans riches et aisés, outre que 5 à 6 mille saieteurs et houppiers faisaient bien peu de choses de leur état, à raison des guerres et divisions.)

Et, ce faisant, sire, les supplians continueront de prier Dieu de plus en plus pour l'accroissement de vostre grandeur et Majesté. Signé : Delesseau, greffier, suivant la délibération des chefs des portes et autres principaulx habitans, lesquels ont commis et depputez M° Claude Marcel, prevost royal et eschevin et M° Jehan Duboys, licencié ès lois, examinateur au Bailliage, pour faire lesd. remonstrances à Sa Majesté.

(Echevinage du 6 février 1577.)

Le rapport des députés, de retour de leur mission auprès du roi, a été lu à l'Assemblée du 9 mars. Ce rapport long et détaillé est fort curieux ; on y remarque que les deux délégués se sont d'abord munis de lettres de recommandations données par M. de Bonivet de Crévecœur, lieutenant général du roi en Picardie, qu'ils étaient allé trouver à Conty et à Wailly, les 11 et 12 février. Ce dernier jour, ils dînaient à Breteuil, et couchaient à Clermont, d'où il partaient le 13 et arrivaient à Paris le même jour. Le 14, à 10 heures du matin, ils se rendaient à l'Hôtel-de-Ville, pour conférer avec le prévost des marchands et les échevins, qu'ils n'ont pu voir que le lendemain, 15 ; puis, ils ont aussi consulté plusieurs notables personnages de Paris qui, tous, ont approuvé le *refus d'entrer en la Ligue*. Le samedi 16, ils prenaient *giste* à Étampes et le dimanche à Orléans. Le lundi 18, nos députés se mettaient en route avec l'intention d'aller coucher à St-Laurent des Eaux, mais apprenant que les chemins n'étaient pas surs, ils se rendirent à Blois, où le 19, ils furent saluer Mgr de Morvillers, ancien évêque d'Orléans, qui leur conseilla *d'entendre* la volonté du roi. Le cardinal de Bourbon, se rappelant les honneurs qu'ils avait reçus à Amiens, leur fit meilleur accueil et les fit accompagner par M. de Rubempré, pour être admis auprès du Roi. Présentés d'abord à M. de Villeroy, secrétaire d'État, celui-ci, aurait promis de faire ce qu'il pourrait, ainsi que le chancelier qu'ils vivrent le même jour.

Enfin, le 20 Février, le Roi étant dans les jardins du château de Blois avec la reine-mère et grand nombre de seigneurs et dames, voulut bien *entendre succintement* les causes du voyage des députés d'Amiens, et recevoir leurs lettres et requêtes, en sorte que le lendemain ils furent introduits par M. de Rubempré dans le cabinet de S. M. auquel ils exposèrent verbalement l'objet de leur mission. A quoi le roi répondit que « *ses affaires estoient en telles dispositions que l'association et ligue avoit esté faite pour son service et que pour la nécessité en laquelle il estoit, avoit besoing d'estre secouru de ses subjectz, lesquelz quelques privilleges qu'ils aient et puissent pretendre ne vouldraient manquer de leur debvoir, demandant ce que on luy voullait offrir liberallement.* »

Néanmoins, les pourparlers avec les officiers du Roi, entre autres M. de Villeroy, continuèrent jusqu'au 28, et le 4 mars nos délégués étaient de retour à Amiens, avec une réponse favorable du roi, c'est-à-dire le maintien des privilèges de la Ville, et l'exemption de signer la Ligue, moyennant le paiement *de* 8,000 *liv. pour une fois seulement et sans tourner à conséquence.*

Que de fois déjà la ville d'Amiens avait racheté ses privilèges !

C

La Ligue jurée et signée a Amiens, le 20 mai 1588.

« En l'assemblée faite en la Salle de la Malle Maison a esté ordonné que les habitans présens jureront et promecteront par serment solennel pardevant M. le maieur qu'ilz seront tous uniz pour emploier tous leurs moiens et vies pour l'honneur et service de Dieu, conservation de sa saincte relligion catholique, apostolique et romaine, extirpation des hérétiques et de leurs faulteurs, pour le service et obeissance due à notre roy très chrestien et catholicque, pour la conservation des priviléges, franchises et libertez des habitans, et de ne permectre pour quelque cause ou occasion que ce soit, que la force et gouvernement de ceste ville soit recongnue exempte d'aultre auttorité que de la nôtre et de ceulx quy seront cy après esleus maieurs de ceste ville. Que sy auscuns des habitans descouvrent quelque chose quy puisse apporter quelque préjudice, directement ou indirectement, contre l'establissement de ceste *saincte Union,* ilz nous en advertiront en dilligence, sans auscun respect de parenté ou autre affection particulière. Que nostre part nous en jurerons et promecteront aultant, que nous et tous les présens en icelle assemblée signeront présentement lad. promesse et union, comme aussy le jureront par serment solennel tous les aultres habitans et le signeront. Et sy aulcuns refusent jurer et signer lad. promesse et union, qu'ilz seront contrainctz sortir de la ville pour le repos et seureté dicelle.

Suyvant laquelle n^ro ordonnance Mg^r levesque, le lieutenant général, les depputés du chappitre et du clergé et aultres estans en lad. assemblée ont faict le serment solennel pardevant M^r le maieur et nous avec eulx, suivant la resolution dessus déclarée, puis nous l'avons signée et la pluspart de ceulx quy estoient en lad. assemblée pareillement, et les autres pour la foulle quy estoit ne lont peu signer et ont promis ce faire le lendemain. »

———*———

D

Union d'Amiens avec la ville de Paris.

« Le vendredi 3 Juin 1588, s'est présenté Me Pierre Rousselet, advocat en la Cour de Parlement à Paris, lequel a délivré à M^rs une lettre cloze à eulx adressant qu'il a dict luy avoir esté baillée à ceste fin par M^r le Prevost des marchans de lad. ville de Paris (1) et a dict davantage que le roy ayant veu la requeste présentée à Sa Majesté par MM. les princes et les bourgeois et habitans de lad. ville de Paris, pour les bien et avancement de l'honneur et gloire de Dieu, de la saincte

---

(1) Ce Prévost était alors Michel Marteau, S^r de La Chapelle, et les Echevins, Compans, Cotteblanche et Robert des Prés, élus le 17 mai par les bourgeois catholiques zélés, dit l'Estoile. Marteau fut député aux Etats de Blois et fait prisonnier. Il avait pu faire, à ce moment, la connaissance des députés d'Amiens.

relligion catholicque, apostolique et romaine, la manutencion de l'Estat et le bien commun de tout ce roiaulme dont ycellui Rousselet a présenté une copie imprimée à Mesd. S^{rs}. Sa Majesté y a prins goust et a icelle renvoyée à la reyne sa mère en lad. ville de Paris, pour les oir plus amplement sur icelle, adfin d'y pourveoir à l'honneur de Dieu et soullagement de ses subjectz, et que sy M^{rs} de ceste ville (d'Amiens) oultre les remonstrances faictes au roy par les bourgeois et habitans de Paris pour le général, en quoy ilz les prient se joindre et unir avec eulz, ont quelques plaintes et remonstrances particulières à faire à Sa Majesté pour le bien du pays et de lad. ville d'Amyens, qu'ilz le pourront faire par mesme moien, d'aultant que Sa Majesté est disposée de oyr ung chacun et ponrveoir au soulagement de ses subjectz, ayant depuis 8 jours revocqué plusieurs Edictz et comissions quy estoient en la foulle du poeuple, priant Mesd. S^{rs} embrasser de cœur et d'affection l'amytié, union et consideration que leur présentent lesd. Srs Prevost des marchans et eschevins de la ville de Paris. »

« Ledit jour, 3 juin, en la grande salle de la Malle Maison, lecture faicte des lettres missives envoiées par M^{rs} les Prevost des marchans et eschevins de la ville de Paris, en date du dernier jour de may dernier passé et de la coppie de la requeste présentée au roy au nom de Mgrs les cardinaulx, princes, seigneurs et les depputez de la ville de Paris et autres villes catholicques asseurés et unyz à la deffence de la religion catholicque, apostolicque et romayne, et après que M^r le maieur a faict entendre en l'assemblée le contenu en la résolution de l'assemblée tenue ce matin sur le mesme subjectz en leur hostel de ville, par advis et du consentement commun de toute l'assemblée (1) a esté arresté que les habitans de lad. ville d'Amiens *se uniront avec ceulx de la ville de Paris*, se conformeront et feront pareille

---

(1) 200 seulement des principaux habitans et notables assistaient à cette assemblée.

requeste qu'eulx à Sa Majesté en ce quy concerne le fait général de la relligion, de l'Estat et du bien publicq.

Et oultre pour le particulier du bien commun de la Picardie, ilz remonstreront très humblement à S. M. que la seule cause des troubles de ce pais procède de ce que le Sr Dubernet ou de Bernay, (1) par ses mauvais déportemens a mis tout le Boullenois en armes et qu'il seroit nécessaire pour restablir le repos qu'il y eust dans Boullogne ung seigneur du pais catholicque et agréable au poeuple pour y commander soulz l'autorité du roy, et sera très humblement supplié de voulloir ainsy faire.

Et pour le particulier de lad. ville d'Amiens, que Sa Majesté sera aussi suppliée très humblement laissier les habitans dicelle en leur liberté acoustumée d'eslire suivant leurs privilèges, les maieur, eschevins et officiers dicelle ville.

Et aussy afin qu'ilz puissent rendre bon compte de lad. ville et de leur fidelité, et recouvrer vivres nécessaires autour d'icelle, veulz qu'il luy plaise deffendre à toutes gens de guerre, de pied ou de cheval, loger à deux lieues prez lad. ville, et sy aulcunes y logent, quy leur soit permis les faire desloger. »

Jusque-là, les Prevôt et eschevins de Paris n'avaient pas encore ouvertement répudié Henri III ; mais les *seize* ne devaient pas tarder à s'emparer de la direction de la Ligue, sous le titre de *Conseil général de la Sainte Union*, qui avait Mayenne pour lieutenant général.

Tels étaient ceux avec lesquels l'échevinage d'Amiens et beaucoup d'autres villes de la Picardie s'étaient unis le 3 juin 1588 et postérieurement, tout en entretenant encore une active correspondance avec Henri III, laquelle ne cessa qu'à partir de l'assassinat des Guise.

(1) De Bernay était contraire à la Ligue et il avait contraint le duc d'Aumale à lever le siège de Boulogne, en 1588. Les Ligueurs furent accusés d'avoir voulu faire assassiner ce Gouverneur, leur ennemi.

E

Union jurée a Amiens, par les habitants de Beauvais.

« M° Nicolas Lemaire, chanoine en la ville de Beauvais, Charles Levesque, l'un des paires de lad. ville et Pierre Mauger, bourgeois d'icelle, depputez du clergé et des maire et pairs, manans et habitans de lad. ville, suffisamment garnis de procuration dont ilz nous ont laissé coppie, ont juré unanimement et concordablement sur le sacrement du baptesme qu'ils ont reçu sur les sainctz fondz de ne suyvre autre party que celuy des catholicques, pour l'honneur de Dieu et conservation de la relligion catholicque apostolique et romaine, de bien et liberté publique et à y employer non seulement leurs moiens, mais jusques à leur propre vie, sans adhérer ny favoriser directement ou indirectement au party contraire, et aux ennemys de la relligion, fauteurs et adherens, ny porter les armes pour eulx, lesquelz ont commis les crismes et assassinatz faict nagueres aux Estatz de Blois, leurs autheurs et adhérens. De plus, lesd. depputez de Beauvais ont juré et promis tout secours, aide et support à la ville d'Amyens, mesme de ne faire aucun accord, ny contracter aucunement pour le faict de la cause, *sans le consentement des maieur, prevost et eschevins d'Amyens.* »

F

L'Échevinage d'Amiens donne avis au Pape de son Union, le 17ᵉ jour de Mars 1589.

« Lesmaieur prevost et eschevins de la ville et cité d'Amyens, cappitalie ville de Picardie salut ; scavoir faisons que pour les massacres commis en la ville de Blois, ès personnes de mes seigneurs les cardinal et duc de Guise et autres emprisonnementz d'aucuns princes, prelatz et depputtez des provinces les 23 et 24ᵉ décembre mil Vᵉ IIIIxx et huict (1588), y estans en Assemblée generalle des Estatz de ce royaulme contre la foy publicque en la liberté des Estatz, tachans par leur artifices, ruiné nostre sacrée religion, nous nous sommes *jointz et jurez union* avec messieurs de la ville de Paris (1) et plusieurs autres villes de ce royaulme, pour la conservation de nostre relligion, empescher les desseings des heretiques et poursuivre la justice de telz massacres et emprisonnements, avec promesse de ne nous habandonner les ungs les autres pour une sy juste cause et de jamais nous départir de cette resoluon et affin que nostre *St. pere le Pappe* puist estr deuement adverty de nostre droict et saincte résolution, nous donnons charge par ces presentes aux depputez de messieurs de Paris, faire entendre à sa Saincteté les causes de nostre Union quy ne tendra qua l'honneur de Dieu, exaltation de son St. nom et bien publicq, et a ces fins luy faire telles remonstrances, requestes et supplicaons quilz verrons bon estre. »

(1) Cette union avait eu lieu le 3 juin 1588 ; voir pièce D.

ERRATA

Page 39, ligne 10, au lieu de *la fallait détruire*, lire : *le fallait*.

Page 40, ligne 4 de la note 1re, au lieu de *réélus*, lire : *Vétus*.

Page 47, ligne 7 de la note, au lieu de *des Démonns*, lire : *de Demons*

Amiens. — Typographie DELATTRE-LENOEL, Rue de la République, 32.

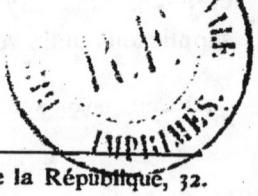

www.ingramcontent.com/pod-product-compliance
Lightning Source LLC
LaVergne TN
LVHW050606090426
835512LV00008B/1360